养老服务理论与实务丛书

主　编　张　瑾　冯建光

副主编　徐宏卓

养老机构员工手册

张雨佳　编著

U0952050

華東理工大學出版社
EAST CHINA UNIVERSITY OF SCIENCE AND TECHNOLOGY PRESS
·上海·

图书在版编目(CIP)数据

养老机构员工手册 / 张雨佳编著. —上海：华东理工大学出版社，2023.7
(养老服务理论与实务丛书 / 张瑾，冯建光主编)
ISBN 978-7-5628-6804-0

Ⅰ.①养… Ⅱ.①张… Ⅲ.①养老院—人事管理—中国—手册 Ⅳ.①D669.6-62

中国国家版本馆 CIP 数据核字(2023)第 128399 号

内容提要

本书为养老机构完整常见的员工手册及相对应的各类表单，旨在帮助新机构在创立之初，快速构建人员体系和管理流程。同时，新员工也可以按照该工作手册的指引，完成日常工作。本书建立在理论和实务模式的基础上，从部门职责、岗位职责到人、财、物、安全等管理等角度详细说明了机构行政管理的流程和要求。同时，也从理论和反思的角度，引导新的机构运营者，参照本书来设计更适合本机构的员工手册。本书适合初入养老机构的新员工、新加入养老行业的工作者、老年社会工作者及对相关领域感兴趣的读者参考与学习。

策划编辑 / 刘　军
责任编辑 / 藕　园
责任校对 / 张　云
装帧设计 / 徐　蓉
出版发行 / 华东理工大学出版社有限公司
地址：上海市梅陇路 130 号，200237
电话：021-64250306
网址：www.ecustpress.cn
邮箱：zongbianban@ecustpress.cn
印　　刷 / 上海新华印刷有限公司
开　　本 / 710 mm×1000 mm　1/16
印　　张 / 11
字　　数 / 157 千字
版　　次 / 2023 年 7 月第 1 版
印　　次 / 2023 年 7 月第 1 次
定　　价 / 58.00 元

养老服务理论与实务丛书
编辑委员会

丛书总序

深度老龄化是当前上海城市发展面临的紧迫性社会问题。上海市委和市政府对此高度重视，出台了一系列政策，推动养老服务业提质增效、快速发展。教育领域也积极行动，通过加强专业化的养老服务人才培养，为上海养老服务事业提供强有力的人才保障。在《国务院办公厅关于推进养老服务发展的意见》(国办发〔2019〕5 号)、《上海市深化养老服务实施方案(2019—2022 年)》(沪府规〔2019〕26 号)出台的背景下，上海市教委随即制定了《上海高校养老服务类专业建设三年行动计划》(沪教委高〔2019〕5 号)，明确以人才培养为根本，以提高质量为核心，支持相关高校建设一批养老服务类专业，通过打造课程、培养师资，切实推动养老服务人才培养。

上海开放大学主动适应区域经济社会发展需要，2018 年在上海市民政局的支持下，开设了老年服务与管理专业。通过探索政校合作、立足行业需求、创新培养模式，初步实现了留住行业从业主力的培养效果。2020 年 1 月，上海开放大学首届老年服务与管理专业学生毕业，共有 269 名学生获得了专科学历，60%以上的学生是一线护理员，他们在提升学历后重新返回养老服务岗位。他们中的很多人成了养老机构的中坚力量，为长三角区域增添了养老、助老的生机与活力。

在人才培养的同时，我们也深感教材的匮乏。老年服务与管理专业对于高等教育而言是一个新兴的专业，是融护理学、医学、营养学、社会学、管理学等学科为一体的应用型专业。过去，高校对于老年服务与管理专业的研究是不够的，教材的编写也主要脱胎于相近专业和学科，较难满足养老服务人员对真实工作场景所需知识、能力的学习要求。因此，我们希望能够开发出与工作岗位联系密切的教材，真正做到"所学即所用"，使学校课堂和工作岗位无缝衔接。基于上述初衷，上海开放大学在上海养老智库的支持下，组织编写"养老服务理论与实务丛书"。本丛书一套八本，包括养老机构员工能力方面三本，即《养老机构员工手册》《养老机构社会工作服务手册》《养老机构实用菜谱》，养老服务机构服务过程方面五本，即《养老机构老人入住流程》《养老机构失智症老人日常照护》《养老机构应急处理流程手册》《养老机构护理服务实用手册》《养老机构老人个案照护计划指导手册》。

"养老服务理论与实务丛书"能够发挥什么作用呢？也就是丛书的定位是什么呢？我们认为主要有三个方面：第一是学历教育的参考用书。上海开放大学是上海较早开办养老服务学历教育的高校，目前也正在成体系建设养老学历教育的教材，但学历教育仅有教材是不够的，应该配套建设一些教学参考书，拓宽学生的视野和知识面，本丛书就能很好地发挥这样的作用。第二是养老机构的管理指导用书。养老机构的具体业务应该如何开展，如何个性化服务老人，如何提高养老机构的规范化、专业化水平，这套书对以上这些问题做了比较实用和详尽的阐述。同时，这套书的编写过程凝聚了大量养老服务优秀管理者的实务经验，以及养老机构长期以来的工作总结提炼，这些内容将能够为养老机构管理人员提供比较好的指导。第三是养老职业培训机构的教材。丛书中的任何一本书都集聚了养老行业相关领域专业、实用的知识和技能，可以提高培训机构的培训质量。尤其是对那些刚刚进入养老行业的从业者来说，一开始就使用权威、正规的培训教材，对于其专业认知的提高和职业能力的提升是非常有帮助的。

当然，从时代发展的角度来看，这套丛书还有很多不完善的地方，我们并不认为这八本书就已经涵盖了养老机构服务与管理的方方面面，甚至可以说只是养老机构服务众多领域中的一部分。这些领域的选择一定程度上还受到作者专业的限制，在完整性上可能还存在一定瑕疵。但这些都不重要，关键在于“做”。面对日益老龄化的社会、日益增长的需求、不断提高的服务品质要求，目前无论是养老学历教育还是非学历培训，专业的学习资源都是非常欠缺的。在这样的背景下，我们勇敢地迈出第一步，努力地为这个行业创造一些价值、积累一些成果，也是对这个行业的推动和贡献。尽管还存在一些不完善，但这种“不完善”依然是充满魅力的。我们希望本丛书能为我国养老行业、养老专业的发展尽一点绵薄之力。

最后，在此丛书付印出版之际，我们作为编者依然会感到内心惶恐。相对于其他成熟学科而言，养老服务与管理专业依然属于一个新兴专业。研究人员少，研究成果缺，但与之对应的却是不断提高的老龄化水平和人民对于高质量养老服务的期待。希望广大读者能够不吝赐教，提出宝贵的意见和建议，希冀未来再版时一并修正。

丛书主编、上海开放大学副校长　张　瑾

前　言

本书的编写旨在为养老服务工作者在养老机构工作期间提供有效的指引。笔者希望通过此书编撰适用于养老机构的员工手册，并且能使每位员工认识、了解机构的各项人事政策及规章制度，从而明确自己的权利、义务、责任和行为准则，通过互相了解及合作，推动养老机构及养老事业的发展，共同筑造中国公益的美好未来。

本书适合养老机构运营负责人、新入职人员学习，也可以作为养老机构全体员工的基本行为准则。员工是机构的宝贵财富，全体员工的共同努力是养老机构取得成功的关键。养老机构希望每位员工热爱机构、爱岗敬业、遵守国家法律法规、规范执行机构各项规章制度、恪尽职守、勤奋务实，把机构发展与个人发展紧密联系在一起。

本书由智库养老研究院和上海开放大学共同编制，长三角养老行业人才培养一体化发展实践研究——基于长三角养老行业人才培养共享平台（课题编号：XK2001）课题研究成果支持。由于本书涉及不同企业和养老机构的管理方式和组织方式，因而借鉴了业内专家、养老机构管理者、集团运营部门工作人员等的观点及工作经验和部分养老机构内部运营手册范文和模板。本书部分内容来自非正式、可搜索的文献。在此，向支持单位上海瑞福养老服务中心、申养投资管理有限机构和行业专家李传福先生、林怡先生表示感谢！

目　录

第一章

总　则

本章主要指明《养老机构员工手册》制定与编排的重要意义、理论依据及一般规定，对文中可能会出现的专有名称做出大致梳理，以便于读者的理解和使用。

第一节 基本名词定义

养老机构为了明确员工与所服务机构之间的权利与义务，促进双方的和谐关系，使得机构良性化、可持续运营，兼顾员工与机构的“互惠、互利、平等、协商”的原则，依据《中华人民共和国劳动法》，编写本书。

本书中，养老机构与员工为雇佣关系，员工与养老机构依法签订正式的劳动合同，养老机构依法支付员工薪酬。此外，养老机构因业务需要会临时雇用短期员工（临时工），即签订临时工合同，以此来保障双方权益。

本书专有名称如下：

（1）养老机构——也称养老服务机构，是指为老人提供养护康复等综合性服务的机构。依据民政部《老人社会福利机构基本规范》，除了社区老人服务中心没有生活起居设施外，以下养老机构都应设生活起居、餐饮膳食、文化娱乐、清洁卫生、康复训练、医疗保健等多项服务设施。常见的养老机构为养老院、养老公寓、敬老院、托老所、长者照护之家、老年护理院等。

（2）运营管理者——养老机构内主管级以上工作人员。

（3）员工——与养老机构形成工作关系，依据劳动合同的规定领取工资者。

（4）工作职责——员工依据劳动合同，应享有的权利和履行的义务。

（5）职务行为——机构员工的经营管理行为，以及会影响其正常履行职务的个人行为。

（6）工资——员工履行职务所得的酬劳，其酬劳标准依双方签订的劳动合同或国家法律规定实行，并且含一切奖金、津贴。

（7）惩罚——因违反本书及养老机构其他管理制度（包括安全规则）而被处罚。

（8）奖励——在机构工作上有特殊优秀表现的所得，包括现金、物品等形式。

（9）申诫、警告——员工因犯错违规但案情轻微的惩戒。

（10）小过、大过——员工因犯错违规但案情严重的惩戒。

（11）工作证——员工的身份证明卡。

（12）公假——依照国家相关法律法规及养老机构的规定应给予的假期。

（13）公出——员工因公务需要于上班时间内离开岗位外出办理公务。

（14）出差——员工因公务需要前往工作单位所在地以外的地区。

本书的一般规定如下：

（1）经营管理者根据相关行政管理规定，代表养老机构指派或分配员工工作。

（2）对主管指定的、在员工职责范围内的工作，员工均有义务执行。

（3）对违反本书“红线”问题的员工，其主管应对其采取职务上或一般性的训诫和惩罚。

（4）经营管理者为养老机构代表，履行本书是其权利和义务。

第二节　《养老机构员工手册》编写原则

一、依法原则

《养老机构员工手册》不仅要体现机构的文化和各类管理制度，而且要在劳动法的框架下设计，不能跨越法律的红线，不可以以《养老机构员工手册》为标准，随意解除劳动合同。

当劳动合同与《养老机构员工手册》不一致时，依据《最高人民法院关于审理劳动争议案件适用法律若干问题的解释（二）》第十六条：用人单位制定的内部规章制度与集体合同或者劳动合同约定的内容不一致，劳动者请求优先适用合同约定的，人民法院应予支持。由此可知，当规章制度与劳动合同发生冲突时，劳动者要求适用劳动合同时，应当优先适用劳动合同中的约定而不是规章制度的规定。也就是说，当《养老机构员工手册》中所涉及的规章制度与劳动合同约定不一致时，劳动者有选择适用规章制度或者劳动合同的权利，选择权在劳动者手中。用人单位制定的规章制度可视为劳动合同的附件，但不能变更劳动合同已有明文规定的内容；可以补充劳动合同没有规定或规定不具体的条款，以规定不违反国家法律法规为基本要求。机构应当保持规章制度的规定与劳动合同的约定一致，如果规章制度与劳动合同对同一问题做出不同的规定，会导致管理上的混乱，带来不必要的损失。

二、平权原则

在确定《养老机构员工手册》的内容时，我们要考虑员工的权利平等问题，以预防后期在管理过程中管理层级之间的矛盾。

三、实用原则

《养老机构员工手册》是实用性的手册，实用性应为本书的主要目标。对员工而言，快速认识一家机构，掌握该机构的工作流程和行政管理模式，便捷且全面的方式就是阅读本机构的员工手册。因而，对本员工手册的编撰团队而言，要在各个部门调研分析或有工作经验的基础上，使得本员工手册具有实用性。

四、完善原则

《养老机构员工手册》是综合性的手册，应尽可能完善所涉及岗位和部门运行管理的模块，设计标准也应该以完善机构运营管理的需求为导向。本员工手册的内容应该从“人、财、物”三个维度去规划，从“部门、岗位、管理规章、安全制度”的角度去细化。同时，要考虑各个部门所要求的各类表单流转的需求。

五、升级原则

《养老机构员工手册》是最基本也是最复杂的管理工具，要随着机构的发展而变化，因而，其特点决定了不只是在机构或机构设立初期完成的“1.0 版本”，而是要通过团队在使用该手册的过程中不断修正，完成“2.0、3.0”等版本的调整和升级。

第三节　编写《养老机构员工手册》常见内容

对不同机构而言，员工手册形式多样。其中，常见的内容包括但不止于：机构介绍、员工管理、岗位职责与薪酬福利、培训与发展、行政管理、员工行为和纪律、行为与合规准则、财务制度、附录等。

机构介绍包括愿景与使命；员工管理包括入职、试用、终止合同、退休；岗位职责与薪酬福利包括岗位工作、薪酬与保密政策、绩效管理、加班、奖金、机构福利；培训与发展包括岗位培训、晋升制度；行政管理包括考勤制度、档案管理、员工安全管理、职业安全管理、机构财产的使用、个人财物管理、接待宣传媒体管理等；员工行为和纪律包括礼仪与行为规范、纪律处分、员工申诉、性骚扰；行为与合规准则包括保密制度、贿赂和腐败；财务制度包括财务结算流程、出差费用报销、其他费用报销或垫付；附录包括相关表格。

本书将从第二章开始，围绕常见的员工手册中所涉及的重要内容进行演示和讲解。各养老机构在制定本机构员工手册时，可参考本书中的部分内容，结合机构的现实情况、人员组织架构和规模进行多角度地融合和修订。

第二章

各部门职能与岗位职责

明确各部门职能和岗位职责，是加强养老机构员工管理的重要前提，也是保障养老机构内部运行的重要条件。因此，在养老机构员工管理工作中，管理者和员工都需明确各自所属部门的职能和职责所在，以部门规范和职责要求作为规范为老人提供服务的标准。

第一节　组 织 架 构

一、组织架构的意义

《企业内部控制应用指引第 1 号——组织架构》中指出，组织架构是指企业按照国家有关法律法规、股东（大）会决议、企业章程，结合本企业实际，明确股东（大）会、董事会、监事会、经理层，以及企业内部各层级机构设置、职责权限、人员编制、工作程序和相关要求的制度安排。组织架构的本质是为了实现机构或机构战略目标而进行的分工与协作的安排，组织架构的设计要受内外部环境、发展战略、生命周期、技术特征、组织规模、人员素质等因素的影响，并且在不同环境、不同时期、不同使命下有不同的组织架构模式。因此，只要能实现机构或机构的战略目标，增加机构或机构的对外竞争力，提高机构或机构的运营效率，就是适合该机构的组织架构。

二、常见的组织架构

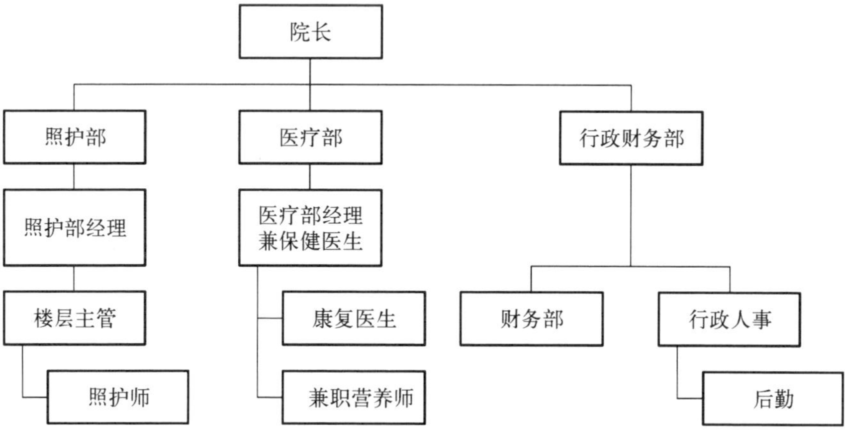

图 2.1　常见中小型养老机构的组织架构图

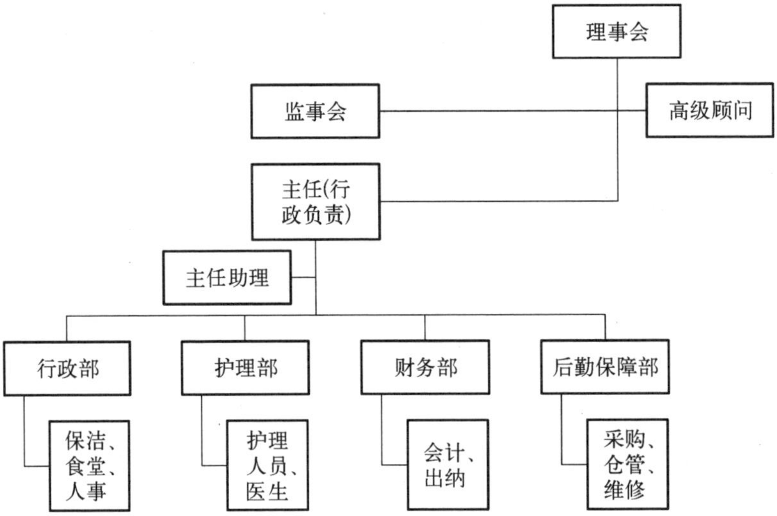

图 2.2　非营利组织下的养老机构组织架构图

三、岗位撰写指引

养老机构员工岗位职责的设计要体现四个主要的维度，以帮助员工厘清岗位要求。维度一：上下级关系，如向谁汇报，管理谁。维度二：主要工作内容，分为三个方向，即承担的责任、行使的权利和履行的义务。对工作内容的描述要尽可能具象化，避免使用抽象词语或形容词。让员工一目了然，减少理解上的误差。维度三：技能的要求，这部分需要明确技能等级证书、特殊才能等。这一维度既可以帮助养老机构招聘与遴选候选人，又可以帮助员工明确职位晋升的要求。维度四：本机构的附加项，并不是通过条款或要求来对员工进行约束，而是要寻找与机构的企业文化高度同频的人。

养老机构在撰写这四个维度时，可以分成四个模块，也可以相互融合，但机构员工手册的核心逻辑将围绕这四个维度来思考和撰写。

以下为常见的《养老机构员工手册》中岗位职责的范例。

第二节　综合行政办公室

一、部门职能

综合行政办公室是负责机构行政管理工作的重要部门，主要涉及人事行政、资产管理、物资采购、文秘宣传、档案管理等方面的工作。

人事行政方面：做好员工的招退、考勤、劳动工资、社会保险等具体工作。

资产管理方面：做到机构资产（包括固定资产及办公用品等）账账相符、账物相符，以防止机构资产的流失。

物资采购方面：保证各部门所需物资的供应，做到合理采购，节约开支。

文秘宣传方面：主要负责机构办公室各类文件资料的管理工作，负责各类会议记录，协助院长处理机构内的办公事务；积极宣传机构的政策、方针和路线，做好全员的思想政治工作，为机构树立良好的社会形象。

档案管理方面：收集整理各类文件、档案、资料，进行收发、保管、立卷、存档等，做到及时、无遗漏。

二、岗位职责

此部门核心岗位为院长和行政主管。在机构规模小于 20 个床位的情况下，此部门可只保留院长和行政主管 2 个职位，并且把其他岗位职责融合至这 2 个职位中。每增加 50 个床位，行政管理人员相应增加 1 位，再划分职责范围。

（一）院长的岗位职责

(1) 依照国家和政府的有关法律与政策，在院理事会的领导下，负责养老机构的全面工作。

(2) 制订年度工作计划，按期布置、检查、总结工作，接受有关部门的监督检查。负责督促机构各部门工作的执行，采取措施，保证机构工作的开展。

(3) 根据机构的人事制度，代理机构组织员工的聘用、任免、奖惩、调动及提升等工作。

(4) 负责组织员工的职业道德教育和业务学习。

(5) 负责机构的安全保卫工作。督促员工以岗位责任制为中心，工作时务必严格遵循规章制度和技术操作规程，严防差错、事故等的发生。

(6) 规范后勤工作，规范物资使用，检查财务开支，坚持财务开支一支笔审批制度，审查预决算。

(7) 关心员工生活及福利待遇。

(8) 及时收集和处理老人、家属及员工对机构工作的意见。

(二) 业务副院长的岗位职责

(1) 听从院长的领导，分管机构的业务工作。

(2) 负责拟定机构各项业务工作制度，监督工作制度的执行情况和操作规程的落地。

(3) 负责检查老人的生活照护、医疗护理、康复保健、社工服务等业务工作，分析各类业务指标，提高养老服务的质量。

(4) 负责提升机构业务人员和照护师的业务技术。

(5) 负责机构的业务统计、老人健康档案管理等工作。

(6) 负责机构老人的保健和卫生宣教工作。

(7) 负责食品安全检查工作。

(8) 完成院长交代的其他工作。

(三) 行政副院长的岗位职责

(1) 听从院长的领导，分管行政、党务、后勤等工作。

(2) 负责拟定机构各项行政、党务、后勤工作制度，并且督促检查相关制度的执行与落地。

(3) 负责监督后勤部门，保证机构所需的物资充足供应。

(4) 协助院长抓好消防、保卫等工作。

(5) 负责基建、维修及机构物资管理工作。

(6) 负责机构工作人员的福利工作。

(7) 负责机构的清洁卫生和环境绿化工作。

(四) 办公室主任的岗位职责

(1) 在行政院长的领导下,做好员工的思想教育工作;配合行政院长编制年度各项工作计划及年终工作总结,并且负责贯彻、落实,按时完成院内的各项工作。

(2) 协助行政院长做好员工的人事调动、工资管理、工作调整、奖惩和培训,坚持机构的原则,秉公办理。

(3) 协助行政院长做好外来视察、参观人员的接待工作。

(4) 负责物资供应、国有资产、固定资产的管理,以及各类设施、设备的维修工作。

(5) 负责所属人员的业务考核,提出奖惩意见。

(6) 完成媒体宣传及协助院长完成接待和公关工作。

(7) 完成上级主管交办的其他工作。

(五) 人事专员的岗位职责

(1) 在上级的领导下开展工作。

(2) 认真做好干部员工的思想政治、护理水平的考核并按时做好聘用工作。

(3) 按期完成人事统计及劳动工作的月、年报工作,做到准确无误。

(4) 根据各部门的实际需要,制订机构培训计划,对培训效果进行评估。

(5) 认真办理员工的调入、调离、退休、请假、销假等手续,办理在职员工的辞退、除名手续,加强临时员工的调配管理。

(6) 制订管理层、员工的储备计划,并且负责贯彻执行。

(7) 制定员工的考核制度、奖惩制度,做好员工的考核、奖惩工作。

(8) 完成上级交办的其他工作。

(六) 资产管理专员的岗位职责

(1) 在办公室分管主任的领导下开展工作,负责机构固定资产、低值易耗品的保管,建立“二账二卡”制度。

(2) 建立物资的收发明细清单。物资进出仓库的原始凭证,应定期进行装订,做到物物有账,账物相符。

(3) 定期盘点,按月编制物资申领汇总表。

(4) 员工调动工作时,应按规定做好仓库物资的移交手续,编制移交清单,移交清单由移交人和接交人签名。

(七) 采购专员的岗位职责

(1) 在上级的领导下开展工作,负责机构各类物资的采购工作。

(2) 严格依照固定资产管理办法,根据固定资产的申购、询价、验收等程序进行采购。

(3) 严格按照申购单所列的种类、数量、规格及其他要求进行采购。

(4) 及时做好采购物资的验收入库手续。不合格的采购物资,应退还供应方。

(5) 负责采购物资的领用登记手续。

(6) 负责采购物资的分类保管,堆放整齐,采取通风、防潮、防霉、防蛀、防鼠、防火、防盗等措施,确保物资的安全。

(7) 完成上级交办的其他工作。

(八) 行政专员的岗位职责

(1) 在办公室分管主任的领导下开展工作。

(2) 负责各类文件的收发、登记、保管、归档、修改、报批等工作。

(3) 负责宣传报道工作,做好来访人员的记录及备案工作。

(4) 负责机构档案的管理,做好分类、归档、立卷、保管、借阅等工作,做好防盗、防火、防霉等防范措施。

（5）负责起草及保管各类信函、计划、规划、工作总结、会议纪要等资料。

（6）负责会议记录及机构大事记。

（7）完成院领导交办的其他工作。

（九）档案管理员的岗位职责

（1）负责将各部门、各门类、各种载体的文件或资料集中起来，按照归档的要求进行分类、整理、立卷和保管。

（2）负责保证档案系统的完整性和安全性，做好养老机构立卷档案的鉴定和保存。

（3）负责档案的日常管理，及时将收集、移交、保管、利用、销毁等情况的档案进行登记和统计，并且按照规定向办公室分管主任汇报。

（4）负责档案文件资料的汇集、目录编制、索引编制和入档卡片制作等工作。

（5）严格执行档案分类、移交、登记和借阅的管理制度。

（6）遵守国家和养老机构的保密规定及相关规程。

（7）做好办公室分管主任临时交办的其他工作。

第三节　财务部

一、部门职能

（1）为了加强养老机构的财务管理工作，发挥财务在整个机构运营管理和提高经济效益中的作用。

（2）认真贯彻执行国家有关的财务管理制度。

（3）建立健全财务管理的各种规章制度，编制财务计划，加强经营核算管理，反映、分析财务计划的执行情况，并且检查与监督财务纪律。

（4）积极开展养老机构经营管理服务，促进养老机构取得较好的经济效益。

(5) 厉行节约,合理使用资金。

(6) 合理分配机构的收入,及时完成需要上交的税收及各项管理费用。

(7) 对有关机构及财政、税务、银行部门有所了解,检查本机构的财务工作,主动提供有关资料,如实反映养老机构的财务情况。

二、岗位职责

财务部的岗位职责要匹配我国的财务管理政策、制度,以及相关的法律法规。

核心岗位为会计和出纳,其他岗位人员可以根据机构规模和人力成本进行增减。如果机构为 20 个床位以下的微小型机构,会计岗位可以通过兼职、集团派遣、多项目共用等形式参与机构财务的审核工作。

(一) 财务主管的岗位职责

(1) 审核各部门日常的费用报销单据。

(2) 负责会计的工作安排,以及财务部所有会计凭证的审核和检查。

(3) 每月审核员工的考勤和工资表的一致性。

(4) 日常促销活动单的审核、促销费用及挂账的账务审核处理和活动的评估分析。

(5) 落实本机构预算管理体系的考核,对该项工作的完成情况进行过程控制和总结分析。

(6) 指导税务会计网上报税及发票的及时领购。

(7) 跟进检查结算供应商成本表,负责供应商成本核算,结转收入成本,包括供应商当月销售收入、租金扣点的核对、账务处理,指导往来会计按供应商户逐个办理应付账款往来,以及往来会计清查应付货款,确保往来账款的准确性。

(8) 月末当日及时安排对库存商品的盘点并分析盘点报告。

(9) 月末及时指导会计进行现金、银行存款、商务卡、电费、收据、发票的现场盘点及盘点表的落实。

(10) 月末结账前检查核对各级账目,包括费用预提、待摊科目、固定资产折旧、低值易耗品摊销等的数据准确,待处理财产损溢是否结平,收银员长短款是否异常,是否挂个人往来账扣取,银行存款是否核对好,特别是信用卡、销售点情报管理系统的核对,商务卡是否账务处理正确,促销费用平账是否及时,促销费用账务处理是否正确,若是要供应商承担部分促销费用是否挂供应商往来。月底是否安排盘查出纳现金和收银员备用金,检查出纳每日营业款是否及时上缴银行。月中安排会计人员抽查现金房人员出入是否有登记。月末结转各项收入成本及税费等账务。

(11) 负责与财政、税务、银行等有关部门保持密切联系,沟通信息,发挥承上启下的作用。

(12) 每月向院长汇报财务情况,完成院长交办的其他工作。

(二) 会计的岗位职责

(1) 在财务主管的领导下负责全机构的财务工作。

(2) 贯彻有关财务会计的法令、制度,遵守国家财务纪律。

(3) 年终编制财务预算,年初进行财务决算,并且及时报送有关部门。

(4) 负责各项会计事务的处理,做到科目准确、数字真实、凭证完整、装订整齐、记载清晰、日清月结、报账及时。

(5) 及时、正确地编制各类会计报表,保证所提供的会计信息合法、准确、及时、完整。

(6) 财务开支坚持一支笔审批制度,对违反财务制度的收付凭证拒绝登账,并且及时向领导反映。

(7) 加强内控制度,对印章、空白支票,实行印、票分开保管制度,杜绝印、票由一人保管的现象。

(8) 会计档案按照国家统一的会计制度规定定期进行整理归档。当好机构领导的参谋，及时完成院长交办的其他工作。

（三）出纳的岗位职责

(1) 认真执行《中华人民共和国会计法》，遵守各项财务制度，做好出纳工作。

(2) 认真做好入住老人的收费工作，做到态度和蔼、服务热情。

(3) 认真做好银行存款及库存现金的收付工作，并且随时记账，每日向会计提交银行存款及库存现金日报，做到日清月结。

(4) 严格核对报销单据，对手续不全的单据应采取退回的措施，要求补充、更正，经领导批准的单据方可予以报销。

(5) 对违反财务报销制度的支付款，应拒绝报销。

(6) 负责各种有价证券及收据的保管，按时做好工资、奖金、老人存款、零用金等的发放工作。

(7) 每日将收款入库并在当日存入银行，做好安全防范工作。

(8) 完成上级交办的其他工作。

第四节　照 护 部

一、部门职能

照护部是养老机构的主要部门之一，由生活照护、临床护理等组成。在院长的领导下，养老机构应本着“一切为了老人”的原则，为入住的老人提供入住评估、生活照护、临床护理等服务。照护部主要负责入住老人的入住评估、生活照护、办理老人出入住手续、咨询接待、业务培训实习、配合社会公益活动(如义捐、义演等)、接待来宾来访等工作。养老机构要充分发挥资源凝聚优势，围绕以人为本的理念，为老人提供一个温馨、舒适的生活港湾。

二、岗位职责

养老机构提供的服务品质往往体现在照护人员的日常照顾和礼仪之中。

因而，在编撰这部分内容时要考虑机构的发展方向或特点。若为认知症服务机构，则照护人员要持有认知症专项能力证书；若机构服务以康复照护为特色，则机构照护人员需要持有与康复护理相关的证书或具备相关技能。

照护部主管、主任的岗位设置和机构床位数有关，一般与自然楼层或区域划分相结合。

（一）照护部主任的岗位职责

（1）在院长领导下全面开展照护部的工作。

（2）负责日常生活照护、临床护理等的全面管理。

（3）负责拟订照护部的工作计划并组织实施，及时总结、按时汇报，主动做好各方面的协调工作，保证照护部工作的正常运行。

（4）监督养老机构日常的生活照护、分级照护、生活照护、临床护理操作规程的执行，保障日常服务的质量。

（5）掌握本部门员工的思想工作，充分调动员工的积极性，及时开展各项工作。

（6）深入了解入住老人的生活、思想和健康状况，采取措施，做好老人生活、思想和保健工作，协助医务人员做好重病老人的护理和外出就医工作。

（7）负责组织本部门员工的专业技能学习，督促员工自觉遵守劳动纪律，负责各部门人员的业务考核，提出奖惩意见。

（8）负责本部门固定资产的保管工作，组织员工搞好室内外环境卫生，做好防盗、防火、防事故等安全工作。

（9）代表机构与老人家属签订协议，说明有关入住事项。

(10) 完成上级交办的其他工作。

(二) 区域照护主管的岗位职责

(1) 在照护部主任的指导下开展工作。

(2) 负责制订区域工作计划,组织实施并进行定期检查,按时总结汇报。

(3) 监督专业技术人员严格执行各项规章制度和技术操作常规,全面检查各种护理措施的执行情况,加强医护监管,严防差错事故。

(4) 深入各服务单元,指导楼层照护组长对不同照护等级的老人进行科学管理,分析照护工作情况,并且督促员工互相检查、相互学习和交流,不断提高照护质量。

(5) 遇有重症抢救及特护任务时,负责随时调配临床护理和生活照护人员。

(6) 积极组织专业服务领域科研项目的选题,开展老年护理、康复训练照护、专项护理等领域的新项目。

(7) 组织和配合院长查房,发现问题并及时解决。

(8) 负责入住老人的健康评估工作,协助办理老人出入机构手续。

(9) 完成院领导交办的其他工作。

(三) 楼层照护组长的岗位职责

(1) 在区域照护主管的领导下,负责老人生活区早、中、晚餐的组织和准备工作;负责生活区的环境卫生检查和督促工作;负责生活区老人的卫生和安全巡视工作。

(2) 熟悉老人的生活、思想和健康情况,采取针对性措施,做好老人的生活照护、临床护理,并且协助医疗团队做好老人的保健工作。

(3) 督促生活照护程序、生活分级照护内容和老人临床护理计划技术的执行,定时检查,保证老人的生活照护质量。负责照护师的调配工作,护送急症老人去医院就诊,安排好接下来的护理工作。

(4) 对生活区老人进行逐位检查 2 次,重点检查卧位老人和褥疮老人等危重、失智老人。对其实施安全措施(安全带、约束带等)要报告照护部主任(限5～6级失能或失智老人),取得上级和老人家属同意后,方可执行。

(5) 认真书写交班簿,交班时提出下一班值班照护师应注意的各种事项和要求,组织接班人员在床边进行交班。

(6) 认真做好"五保"老人零用钱的管理工作。

(7) 配合组织照护师专业技能学习。

(8) 负责本楼层老人的临床护理、管理、协调工作。

(9) 组织开展各种有益老人身心健康的文娱活动。

(10) 主持参与入住老人的健康评估工作,协助办理老人出入机构的手续。

(11) 完成上级交办的其他工作。

(四) 护士的岗位职责

(1) 在楼层照护组长的指导下,开展对老人的临床护理,严格按照护理制度和技术要求作业,正确执行医嘱,严防事故发生。

(2) 认真仔细完成每日为老人发放药品的工作,负责统计老人药品的数量,及时与家属联系补全药品。

(3) 认真配合医生做好突发事件的处理工作。

(4) 负责医务室的清洁卫生、物品归位、固定资产登记。

(5) 负责结算老人使用的医疗用品,及时上报照护部。

(6) 参与入住老人的健康评估工作,协助办理老人出入机构的手续。

(7) 完成上级交办的其他工作。

(五) 照护师的岗位职责

(1) 在楼层照护组长的领导下,负责老人的生活照料。

(2) 严格执行操作程序和技术操作常规,严防差错事故;认真执行交接班制度,按时上班,坚守岗位、立足本职、不做私活。

(3) 端正为老服务的思想,做到热心、耐心、周到、不怕麻烦,对待老人如亲人，关心和帮助老人，做到为老人提供优质服务；督促、帮助老人整理内务，搞好老人的个人卫生；搞好本区域的卫生，做到老人室内安静、清洁，室外干净、整齐，爱护本区域的一切公共财产。

(4) 按照照护计划，做好老人的生活照护，配合其他部门做好老人的健康管理和康复照护工作；坚持定时查房，掌握老人的身心健康情况，必须在铃响3分钟内赶到老人身边，防止意外的发生，发现问题及时向上级领导汇报、处理。

(5) 服从上级的工作调配，以大局为重，加强责任意识，确保老人安全及其他设施安全。

(6) 做好老人家属及对外接待工作，耐心向老人家属介绍老人近期的情况，做到说话礼貌和气，态度热情，取得老人家属的认可。

(7) 做好防盗、防火、防事故等安全工作。

(8) 完成上级交办的其他工作。

第五节　医疗康复部

一、部门职能

(1) 协助新入住老人做好健康评估工作，建立老人的健康档案。

(2) 负责为机构内老人提供医疗康复服务，不断完善具体服务内容及操作流程。

(3) 负责与相关部门及时沟通老人在机构内的健康状况，以及需要外出就医的情况。

二、岗位职责

每个机构至少配备一名医生，建议为全科医生。

如果机构为20个床位以下的微小型机构，该岗位可以采取兼职、集团派遣、多项目共用等形式参与机构的医疗服务工作。

对养老机构而言，康复、中医、全科是养老服务机构所必需的医疗服务内容。此外，还要考虑夜间值班、配药、分发药品等问题。因而，要考虑医生和护士不同职位上的协调配比。

（一）医疗康复部主任的岗位职责

（1）在业务副院长的直接领导下开展工作，严格执行各项规章制度和医疗操作规程，杜绝医疗差错和医疗事故的发生。

（2）负责医疗、康复、健康管理等方面的管理工作，配合照护部门抓好卫生防疫和传染病管理工作。

（3）负责拟订养老机构的医疗康复工作计划，组织实施，及时总结，按时汇报，主动做好各方面的协调，保证工作的正常开展。

（4）督促医疗康复服务程序，定期抽查治疗服务的情况。

（5）了解入住老人的生活习性和健康状况，采取措施，减少健康风险，保障医疗安全。

（6）负责组织专业技能业务学习，督促部门员工自觉遵守劳动纪律，负责本部门人员的业务考核，提出奖惩意见。

（7）负责医疗器材管理工作。

（8）完成院领导安排的其他工作。

（二）医生的岗位职责

（1）在医疗康复部主任的领导下，负责入住老人的健康监护及日常医疗保健，每日上午查房一次，下午巡视一次，并且填写相关记录，如《高血压、糖尿病预防监测登记表》《老人异常情况登记表》等。

（2）急诊随叫随到，及时做出处理。

（3）密切关注患病老人的病情变化，记录在《病程记录表》上。制订针对性治疗和护理措施，开具长期医嘱和临时医嘱，记录在《长期医嘱单》

和临时医嘱单上，预防并发症的发生。

(4) 当患病老人因病情需要外出就诊时，应立即予以安排落实。

(5) 做好心理护理与卫生保健的指导工作，对体质虚弱、骨折等老人给予慰问和关怀，协同营养指导师开出《营养膳食单》，并且告知餐饮部门。

(6) 老人体格检查每年一次，及时记录在《老人年度体检登记单》和《老人年度体检调查表》中。

(三) 药剂师的岗位职责

(1) 在医疗康复部主任的领导下工作。

(2) 负责药品调配、制剂工作；严格按照各项规章制度和技术要求操作，严防差错。

(3) 负责药品的检验鉴定，保证药品质量符合规定。

(4) 检查各类药品的使用规范(如毒、麻、贵重药品和其他药品)等管理情况，发现问题及时研究处理，并且向上级报告。

(5) 完成上级领导安排的其他工作。

(四) 康复治疗师的岗位职责

(1) 在医疗康复部主任的领导下，认真执行各项规章制度和技术操作规范，负责制订老人的康复处方、康复计划、康复目标，并且做好相关记录。

(2) 指导照护师协助老人进行康复训练照护。

(3) 开展心理康复护理，与家属保持沟通；定期对老人进行与康复相关的综合评估。

(4) 院长和上级查房时，应详细汇报老人康复训练的情况；尊重医生的诊治意见并严格执行，与医生、护士、照护师等协同做好老人的康复和护理工作。

(5) 负责康复器材的保养和维修，宣传康复治疗常识，说明注意事项，及时总结，做好评估；定期检查、清点器材的数量及质量，保持定位存放，负责损坏、报废器材的审核。

(6) 指导老人进行康复运动，如晨间操、太极拳、健身操等，编制有创意的新操教给老人；指导老人开展多种形式的作业治疗，如编织、书画、园艺种植等活动。

(7) 指导开展各区域老人的康复活动，指导照护师掌握对老人进行康复训练照护的方法和技能。

(8) 完成院领导安排的其他工作。

(五) 中医保健师的岗位职责

(1) 针对老人的身体健康状况，通过专业理疗减轻症状、改善老人的健康状况。

(2) 为老人提供起居、运动等适宜养生的方法和指导，带动老人开展保健活动。

(3) 开展中医养生保健服务与宣传活动，通过讲座、宣传册等形式为老人传播健康保健知识。

(4) 与老人建立良好的关系，让老人更好地配合中医保健工作，提高老人的满意度。

(5) 配合医生完成查房、外出送医等服务。

(6) 完成院领导安排的其他工作。

(六) 营养师的岗位职责

(1) 在上级的指导下完成日常的营养咨询和配餐工作。

(2) 熟悉营养专业理论与相关药膳知识，掌握本岗位的各项操作规范。

(3) 能根据不同老人群体的营养要求和特点，分析各类人群的饮食倾向，遵循各地区的饮食习惯，熟练地为老人进行膳食设计，制订各种营养调理方案，评价老人的营养健康状况。

(4) 对每道菜肴进行营养素标注，包括营养素含量、口味特点、适宜人群或不适宜人群等详细信息。

(5) 对厨师制作过程进行抽查和监督，负责餐前抽查，严格执行营养膳食的质量标准及正确的烹调方法，确保食品安全、卫生等。

(6) 组织安排厨师团队学习营养基础及食品卫生知识，做好营养知识的科普工作。

(7) 组织入住老人的健康教育和健康互动活动，做好活动计划和总结。

第六节 社 工 部

一、部门职能

老年社会工作服务是指以老人及其家庭为对象，旨在维持和改善老人的社会功能、提高老人生活和生命质量的社会工作服务。养老机构社工部可以为老人提供救助服务、照顾安排、精神慰藉、危机干预、社会支持网络建设和志愿者服务团队管理，保障老人权益，以及为处于生命晚期的老人提供临终关怀服务等。

社工师：通过个案、小组和社区工作的形式，为老人提供救助服务、社会支持网络建设服务、家庭沟通辅导服务、合法权益保障服务、养老机构社团服务和志愿者团队管理服务。

心理咨询师：负责为老人及其家属提供心理支持服务，包括有效沟通、情绪疏导、心理咨询、危机干预、临终关怀等。

临终关怀师：为将要去世的老人及其家属提供人文关怀，为机构的老人提供生命教育服务。

二、岗位职责

社工岗位的定位是每 100 人至少配备一位社会工作者。

如果机构为20个床位以下的微小型机构，社工岗位可以通过兼职、集团派遣、多项目共用等形式参与机构服务工作。此外，社工岗位也可以与行政岗位融合。

（一）社工部主任的岗位职责

(1) 在业务副院长的带领下负责社工部的日常运营管理工作。

(2) 负责制定部门服务内容、服务流程、服务标准及其他管理制度。

(3) 负责拟订部门工作计划与年度费用预算。

(4) 组织养老机构内社会工作活动的开展。

(5) 负责本部门员工专业能力的培训及督导工作。

(6) 完成上级领导交办的其他工作。

（二）社工师的岗位职责

(1) 积极配合照护部和医疗康复部开展的各项老人活动，在上级的指导下，全面负责机构老人的社工服务。

(2) 根据机构老人的特点，制订年度社工服务计划。做好老人的个案工作、小组工作、社区工作，并且做好相关记录。

(3) 与医生、护士、康复师合作，为新入住的老人提供需求评估，并且出具相应的服务计划。

(4) 组织开展有益老人身心健康的文娱兴趣活动，充分发挥老人的积极性。同时，在老人活动中要注意他们的安全，积极处理活动中可能会引起的不必要矛盾。

(5) 帮助老人度过角色转换期。调动社会资源，为老人提供救助服务，协助老人解决生活中遇到的困难。

(6) 管理社会志愿者服务团队，并且有序开展志愿者服务活动。

(7) 完成院领导安排的其他工作。

（三）心理咨询师的岗位职责

(1) 在上级的领导下，认真执行各项规章制度和技术操作规范，负责老人的心理健康维护，建立老人的心理健康档案。

(2) 定期对入住的老人进行评估，及时了解老人的心理健康状态，针对有心理问题的老人开展心理干预。

(3) 与老人的家属保持定期沟通，帮助家属及时了解老人的心理状况，并与家属一起解决相关问题。

(4) 严格遵守保密条例，保护老人的隐私。

(5) 完成院领导安排的其他工作。

(四) 临终关怀师的岗位职责

(1) 在上级的领导下，认真执行各项规章制度和技术操作规范，负责处于生命晚期的老人及老人家属进行人文关怀。

(2) 及时了解生命晚期老人的各方面需求。

(3) 与社工师、心理咨询师合作，为老人及其家属开展生命教育。帮助进入生命晚期的老人及老人家属了解死亡，进而接纳死亡，使老人在生命晚期活得有尊严。

(4) 做好个案临终关怀记录，及时对工作进行总结和分析。

(5) 完成院领导安排的其他工作。

第七节 后勤部

一、部门职能

后勤部是在行政副院长的领导下，为养老机构提供后勤保障的部门，本着“一切工作以老人为重”的原则，保障整个机构人、财、物的安全，保持机构各处的清洁卫生，保证各职能部门的正常运转。

后勤部主要负责对养老机构的专业设备、安全设施、生活设施等进行及时维修和保养；保证老人的正常生活和机构正常的工作秩序；保持良好的公共卫生环境；杜绝安全隐患，做好防火、防汛、防台、防抢、防盗工作，防止各类安全事故的发生。保障机构老人在一个安全、舒适、整洁、有序的环境里生活。

二、岗位职责

后勤部要与机构运营需求相结合，如食堂设置、电梯情况、物业形态等。一般而言，只有后勤部的管理岗位为自招岗位，其他岗位如保洁、保安等，均采用第三方派遣等形式。

（一）后勤部主任的岗位职责

（1）在行政副院长的领导下开展工作，全面负责后勤各个模块的管理工作，保障养老机构安全稳定地运行。

（2）负责拟订部门的工作计划并组织实施，及时总结，按时汇报。

（3）了解各种安全技术知识，熟悉国家有关的法律法规。

（4）对整个机构的水、电、燃气等系统设备的运行和日常维护与保养负有主要责任，督促员工按照机构的质量方针、质量目标及有关规定做好各项工作。

（5）抓好日常管理工作，认真做好各项运行、巡检记录及做好本部门员工的日常考核。

（6）做好机构设施设备的保养与检修工作，确保设备完好率达到98％以上。保障水、电、燃气、电梯、通信、安保、保洁等各项后勤工作的正常运行。

（7）负责机构的安全保卫工作，坚持贯彻“安全第一”的原则，出现大小安全事故和安全隐患立即处理，并且及时报告行政副院长。

（8）根据机构指示精神，结合机构实际情况组织安全知识学习。对存在的不安全因素，积极寻找解决办法，提出具体措施并报告业务副院长，以消除安全隐患。

(9) 定期召开安全例会，听取安保人员的工作汇报。

(10) 合理安排工作，提高工作效率，按时完成院部布置的其他任务。

(二) 厨师长的岗位职责

(1) 负责机构老人及员工的饮食供应工作，服从机构的工作安排。

(2) 认真安排好食堂工作人员的各项工作，经常检查、督促食堂各项规章制度和人员职责的落实情况。

(3) 负责采购食堂所需的物料和菜品原料等，掌握食堂开支的情况和炊具、物资使用情况，抓好成本核算，定期公开账目。

(4) 抓好饮食安全卫生工作，严格遵守《中华人民共和国食品卫生法》的各项规定。

(5) 负责组织召开厨师会议，深入养老机构老人生活区域，听取意见和要求，改进餐饮工作，提高饮食质量。

(6) 严格控制所有食材的来源，定期检查食堂的环境卫生，保证食品安全卫生，预防食物中毒等恶性事件发生。

(7) 根据营养师的要求，制订每周食谱，核实每天主副食品的质量和数量，保证兑现率达到90%以上。

(8) 抓好厨师团队每年的体检工作。

(9) 抓好食品卫生许可证的年检工作。

(三) 厨师的岗位职责

(1) 自觉服从上级的工作安排，积极完成上级分配的各项任务。

(2) 完成洗菜、切配、菜品烹饪与制作等工作。

(3) 和厨工一起做好食堂环境卫生工作，保证前堂、后厨的干净和整洁。

(4) 注重个人卫生，勤洗头、勤洗澡、勤理发、勤剪指甲、勤洗工作服，饭前便后要洗手。

(5) 服务态度热情主动，说话和气，积极为老人和员工服务。

(6) 努力钻研,不断提高烹饪技术。

(7) 听取老人的意见和要求,不断改进服务态度,提高服务质量。

(四) 厨工的岗位职责

(1) 自觉服从上级的工作安排,积极完成上级分配的各项任务。

(2) 做好食堂餐厅的卫生保洁工作,整理、回收餐具,及时清洁食堂桌椅。

(3) 配合厨师和点心师做好配菜、洗菜、切菜等初加工工作。

(4) 注重个人卫生,勤洗头、勤洗澡、勤理发、勤剪指甲、勤洗工作服,饭前便后要洗手。

(5) 服务态度热情主动,说话和气,积极为老人和员工服务。

(6) 负责按时发放食物,做好餐具、用具的消毒工作。

(7) 听取老人的意见和要求,不断改进服务态度,提高服务质量。

(五) 点心师的岗位职责

(1) 自觉服从上级的工作安排,根据老人日常生活及机构活动需要制作各类糕饼、点心。

(2) 注重个人卫生,勤洗头、勤洗澡、勤理发、勤剪指甲、勤洗工作服,饭前便后要洗手。

(3) 努力钻研中点、西点技术,不断提高业务水平。

(4) 自觉遵守机构的各项规章制度。

(5) 听取老人的意见和要求,不断改进服务态度,提高服务质量。

(六) 后勤保障主管的岗位职责

(1) 在后勤部主任的领导下,负责养老机构保洁、机构运转的设备维护、安保服务等综合工作的现场管理,及时了解后勤员工的思想和工作动态,解决难题,定期汇报。

(2) 熟悉楼座排列、楼层分布、道路分布,以及面积、绿地分布和面积、公用设施设备的数量及分布。

(3) 合理保管和配置保洁器具及清扫工具的数量,合理配置保洁人员,确保机构不留卫生死角。

(4) 严格按照相关的操作规程、操作标准及评分标准对各个区域工作人员进行定期检查和考核。

(5) 负责机构设施设备的保养、维护,定时对保洁、维修等相关耗材的使用情况进行检查。

(6) 负责保洁、安保、维修等岗位的技能培训工作。

(7) 负责机构安保现场的指挥调配工作。

(8) 完成后勤部安排的其他工作。

(七) 保洁的岗位职责

(1) 在后勤保障主管的领导下开展工作,按计划和规范完成各项保洁工作,保证保洁工作的质量和养老机构文明整洁的公共形象。

(2) 按时对公共部位的地面、墙壁、高空设施、门、窗、电梯等进行保洁。

(3) 按时收取机构各楼面的垃圾。

(4) 按时对机构铜器、不锈钢制品进行除锈保洁。

(5) 按时对机构厕所进行保洁。

(6) 按时对机构大楼周围环境进行保洁。

(7) 做好公共区域的消毒、消灭虫害工作。

(8) 做好垃圾库、浴室的保洁工作。

(9) 积极参加各类培训,熟练掌握各种保洁的操作技能,提高保洁操作质量。

(10) 爱护和正确使用保洁用具、用品,按照操作程序执行。

(11) 完成部门交办的其他工作。

(八) 洗衣工的岗位职责

(1) 负责机构被服等的洗涤、保管和消毒工作。

（2）严格执行被服的收、送手续，防止错漏和丢失。

（3）各类深浅不一、易褪色的被服要分类洗涤，分类放置，保证洗涤质量。

（4）树立节俭观念，节约水、电、洗衣粉等，每天登记需洗涤衣被等的数量。

（5）在洗涤时发现衣袋内有钱等物品时应及时寻找失主，对一时不能核准的物品应上交护理主管。

（6）使用洗衣机、烘干机等设备时应严格遵守操作规程。定期对各种机械的传动部位加油保养，使用时发现有异常情况或异常声音的，应立即停止使用，及时报修。

（7）完成上级交办的其他工作。

（九）维修工的岗位职责

（1）在后勤保障主管的领导下，负责机构的水电、设备设施等的检查维修工作，严格执行安全生产操作规范，节约使用原料。

（2）锅炉或太阳能等设备严格执行安全生产标准和操作规程，注意掌握水位、温度、压力、阀门等的情况，保证设备的正常运转。准确、及时做好设备的运行记录。

（3）定时主动到机构各部门巡回检查，及时维修，保证质量。

（4）服务态度热情主动，说话和气，积极为老人和员工服务。

（十）门卫的岗位职责

（1）在后勤保障主管的领导下，负责管理老人、员工、来访者的出入登记。

（2）认真做好来访者、探望家属的询问及接待工作，言行要文明礼貌。

（3）做好每日报纸杂志、邮件、信件等的收发工作，及时送到各部门。

（4）自觉遵守门卫制度，坚守岗位，不擅自离岗，确保24小时不缺岗。

(5) 门卫值班室不得作为休闲、娱乐场所，谢绝无关人员逗留。

(6) 管理进出机构的单位车辆及外来到本机构办事的车辆，遵守非机构工作人员及非到机构办事的车辆严禁入内的规定。

(7) 如机构内老人发生紧急事件，产生纠纷应及时劝阻和制止，并且及时通知后勤保障主管或报警。

(8) 不定时巡查全机构各区域，对机构内物品进行检查，防止意外事件的发生。

(9) 保持门卫区域的清洁卫生。

(10) 完成上级交办的其他工作。

(十一) 保安的岗位职责

(1) 听从后勤保障主管的领导，维持养老机构的正常工作秩序。

(2) 维护养老机构的内部治安，消除任何可能对机构造成威胁的隐患。

(3) 加强对重点位置的治安防范，加强防盗意识，发现可疑的人和事应及时上报。

(4) 监督员工遵守安全守则及其他安全规则。

(5) 加强防火意识，及时发现和消除火灾苗头。

(6) 对违反治安条例的行为，查清事实，收集证据向机构主管单位报告。

(7) 配合部门做好下班后的值班工作。

(8) 妥善保管配发的安保器械，不得丢失和私自使用。

(9) 正确记录值班日志和案件笔录，提出专案报告。

(10) 保持监控室 24 小时值班，保证机构的安全。

(11) 保持良好的工作态度。

(12) 完成上级交办的其他工作。

(十二) 电梯工的岗位职责

(1) 听从后勤保障主管的领导，工作时须严格遵守各项管理规章制度及员工守则。

(2) 密切监视和掌握各电梯的运行状态,当电梯出现突发事故时,立即按规定采取有效措施,在确保安全的情况下尽快恢复电梯的正常运行。

(3) 监督电梯设备定期保养的实施情况。

(4) 接到重大故障报修后,应立即与维修机构联系,尽快到位检修,同时做好电话记录。

(5) 做好设备维修过程的详细记录及需报销备件的记录,作为技术存盘。

(6) 填写《工作日报表》,做好电梯机房、值班室桌面、地面、洗手间的清洁工作。

(7) 遇到电梯困人故障时,首先通过对讲机和激活电梯轿厢的应急广播装置,向被困乘客解释,消除被困乘客的恐惧心理;通知消防中心,通过监控电视了解被困乘客情况,在确保安全的情况下,迅速按照《电梯困人救援处理方法》把被困乘客营救出来,通知电梯保养分包单位,检查电梯故障的原因及进行维修。

第三章

人力资源管理

养老机构的人力资源管理工作，主要包括机构员工的招聘、录用、培训、考核、人事档案的建立与管理、薪资与福利的发放等，制定绩效考核标准、奖惩制度、晋升机制、休假制度等各项人事管理制度与规定，做好员工内部的沟通工作，以严谨而全面的制度规范员工行为，实现机构的员工管理。

人力资源管理与养老机构规模相关，如果是微小型养老机构，建议采用扁平式管理，减少中间管理层，规范管理，使管理流程化、科学化、可视化。

本章介绍的是常见的养老机构人力资源管理流程。

第一节　员工的招聘、录用与离职

一、招聘原则

(1) 遵循亲属回避制。

(2) 遵循唯才任用、公平竞争、择优录用、双向选择的优化原则。

(3) 应聘人员均需经过人事部面试,部分岗位须笔试、技术测试或实际操作。

(4) 用人部门需认真考核应聘者,正确评估应聘者的技术业务水平,设定相应的级别工资。

二、员工录用条件

在满足以下要求之前,聘用不得生效:员工的聘用应按相关要求妥善处理;应聘者已与原雇主解除劳动关系;应聘者进行体检,体检合格方可录用;候选人应符合所需招聘岗位的职责要求;机构应与员工签订劳动合同,明确聘用条款。

三、入职资料

养老机构新进员工入职,可根据岗位级别、任职要求、工作性质等的不同,提交相关岗位的入职材料。除岗位有特殊要求的,员工的入职资料应包括以下内容:

(1) 身份证原件(供审核)及复印件一份。

(2) 中专及以上学历的人员入职时需提交毕业证书(大学本科及以上学历的,需另外提交学位证书)、职称证书,并且提交毕业证书(学位证书)、职称证书复印件各一份;初中及以下文化水平的人员可不提交。

(3) 应聘护理岗位的员工需提交护理资格证书;无护理资格证书的初中及以下文化水平的照护师,需提交护理工作经验证明或护理机构培训结业证明等材料;中专及以上学历的人员须提交毕业证书、职称证书及护理资格证书。

(4) 专业技术岗位的新进员工需另外提交相关专业技能资格证书原件及复印件一份。

(5) 近期一寸证件照片3张。

(6) 填写《员工信息登记表》(见附件)。

(7) 提交指定医院近期常规体检报告单。

(8) 提交上一单位退工单或离职证明,应届毕业生须提交派遣证。

(9) 提供户口簿或者本地居住证复印件2份。

(10) 餐饮部新进员工须办理健康证。

(11) 提交养老机构规定的其他文件资料。

凡被养老机构录用的员工,未在规定时间内完全提供以上材料的,由此引起的一切责任由员工本人承担。

四、工资卡办理与工资发放

(1) 员工需提供在相关银行办理的银行卡作为工资卡,工资卡需要员工自行办理,并且将银行卡复印件(或将卡号及个人信息)提交人事行政部门。

(2) 养老机构可于每月15日前后发放上一整月的工资,如遇节假日等特殊情况,养老机构可提前或顺延发放员工工资。

(3) 若员工对工资有任何异议,需于工资发放后3个工作日内至薪资专员处提出具体情况。经核实若确实有误的,需在次月工资中补齐,否则视为无异议。

五、内部沟通

(1) 每周(月)的工作例会,按照养老机构已有的规定进行。

（2）部门内定期召开例会，每周1次，主要对一周内开展的工作情况进行总结和分析，提出改进措施，并且制订下周计划。

（3）全体员工大会，每半年召开一次，向全体员工通报本机构半年内的经营收益情况、员工薪金、福利等与员工有切身关系的问题及下半年工作计划，听取员工的意见、问题。员工提出来的问题一定要具体、客观。

（4）定期开展形式多样的文体活动，丰富员工的业余文化生活，加强员工之间、员工与领导之间、各部门之间的合作与交流。

六、签订劳动合同

（1）养老机构员工分为合同制员工、劳务制员工和兼职员工。所有员工都应当与养老机构签订劳动（劳务或兼职）合同及保密协议。

（2）合同期限分为固定期限与无固定期限两种，具体合同期限种类可由养老机构根据自身要求和情况决定。

（3）录用员工上班第一天正式签订劳动（劳务或兼职）合同，固定期限劳动合同一般情况下为2年期，试用期为1～3个月。

七、试用期

新员工应根据劳动合同的条款开展试用期的工作。在试用期结束前，养老机构应根据员工的表现，书面通知员工是否完成试用期或终止聘用。

（1）试用期内若发现违反养老机构制度、经核查不符合录用条件的或提供虚假个人信息的员工，养老机构可视情节轻重程度，做出相关决定，甚至可以依法解除劳动合同。

（2）试用期内员工表现优异的，由上级主管提出可提前转正成为正式员工，但试用期不得少于一个月。

（3）试用期内经考核后不能胜任工作岗位，同时经培训或调岗后仍不能胜任岗位的员工，养老机构可依法与之解除劳动合同或经双方协商一致延长试用期一个月；一个月后仍不能胜任工作岗位的员工，养老机构可依法解除劳动合同。

(4) 试用期间员工每月请事假次数不得超过一次，每次不得超过8小时。

八、转正

新录用员工试用期满时，应填写《转正员工考核表》(见附件)，经审批通过后方可转正，转正后可享受正式员工的待遇。

九、建立档案

凡是被录用的员工都必须配合人事行政部门做好入职资料的提交工作，协助人事行政专员建立员工人事档案。若在收到入职通知后30个工作日内，由员工个人原因造成其档案无法建立并给员工个人造成问题或损失的，由员工本人承担全部责任。

十、员工辞职与劳动合同的终止、解除

劳动合同可以由员工与养老机构协商一致解除。

员工与养老机构可以根据政府规定和养老机构政策解除劳动合同，但应事先以书面的形式通知对方。未达到通知期要求的，应以相应的工资补足差额作为补偿。

为确保交接的顺利进行，员工在通知期内的不接受任何请假。

在劳动合同到期日或之前，养老机构与员工就续约达成一致。双方同意续约的，由人力资源部安排续约程序。

劳动合同终止和届满的相应赔偿责任按照劳动法有关规定和劳动合同约定执行。

劳动合同终止或到期时，员工应按照养老机构的政策办理终止程序并解决相关的财务和业务问题。员工因未履行终止程序而造成的损失，养老机构保留追回的权利。

（一）员工辞职

员工申请辞职的，必须填写书面《辞职申请书》，经由部门主管、院长审批后方可生效。辞职员工需按要求完成所有工作和物品的移交，并且经相关部门审查签字后，交人事行政部门复核。人事行政部门复核后，为员工开具离职证明。

(1) 试用期员工申请辞职的，需提前3日提交书面辞职申请。

(2) 正式员工申请辞职的，需提前30日提交书面辞职申请。

(3) 主管级以上员工申请辞职的，需提前60日提交书面辞职申请。

(4) 新进员工自报到之日起5个工作日内，向上级主管提出离职要求却未办理相关工作的交接手续，如未归还机构财物的，养老机构可视为此员工自动放弃本人工资，不再结算其工资及其他任何费用。

(5) 如辞职员工未按规定办理离职手续，并且未获得养老机构批准辞职、先行擅自离职的，机构将视其为旷工行为，并且依照养老机构相关规定予以处罚后，方可办理工资结算及档案转出手续。

（二）合同期满

合同期满前一个月，养老机构将与员工确认是否续签合同。若任何一方决定不再续签，则合同到期时即视为自动终止。

（三）合同解除

(1) 在合同未到期前，出现合同中约定的过失性或非过失性解除合同的条件，或员工在试用期内被证明不能胜任岗位工作的，养老机构可依法提前解除合同。

(2) 于离职前或合同期满不再续约的员工必须做好交接工作，同时归还机构的所属物品。

第二节 薪资与福利

为了激发员工的积极性、主动性和创造性，本着按劳分配、多劳多得的原则，由养老机构人事行政部门依据养老机构年度经营计划与方针，统一制订员工薪资计划和调整工资管理制度，经院长批准后执行。

员工薪资应与当时薪资水平相匹配，且在薪资设计的过程中要考虑员工的岗位属性。如服务岗位与行政岗位其绩效的区别和激励方式的区别。薪资与福利的目的，是使员工能够充分发挥主观能动性，且有动力长期在机构服务。

以下为常见的养老机构薪资、福利构成体系。

一、薪资

员工薪资构成：薪资＝基本工资＋岗位工资＋奖金＋岗位津贴

(1) 基本工资：基本工资是根据岗位职责、技术含量、劳动强度等，遵循国家及企业规章制度规定的工资标准，并且参照行业内同类职位的标准而制定的劳动报酬。

(2) 岗位工资：养老机构以岗位权利、责任、劳动强度、劳动条件、劳动技能、安全系数等评价要素为支付工资报酬的根据，并且划分不同的薪资等级，机构不同岗位实行岗位工资制。

(3) 绩效奖金：养老机构根据个人工作任务的执行及业绩的完成情况，酌情发放绩效奖金。绩效奖金可以有一定的浮动性，与员工的业绩和贡献直接关联。

(4) 年终奖金：养老机构根据实际经营的情况，直接关联员工在本年度的业绩与贡献，给予他们一定的奖励。

（5）优秀员工奖金：每季度被评为养老机构优秀员工的个人，养老机构额外发放优秀员工一定金额的现金奖励并授予荣誉证书。

（6）全勤奖：员工除年休假、病假、丧假、陪产假、婚假外，一年内未曾有过迟到早退或事假等，年终发放一定数额的全勤奖。

（7）岗位津贴：国家法定假日期间养老机构安排值班的，可以按照国家法定假日工资标准给付；养老机构需要值夜班的岗位，可给付夜班津贴；在高温季节当天最高气温达到35摄氏度以上的（一般为每年的7月至8月），需要对在室外进行高温作业的岗位按照当年本地高温补贴发放标准，结合机构实际情况对员工发放高温津贴。

以上薪资组成所产生的个人所得税及个人自付的社会保险，由员工个人自行承担，养老机构代扣缴纳。同时，养老机构会根据员工在养老机构的工作年限、市场价值、社会物价水平和养老机构的当年年度效益，按照机构的薪酬管理规定，针对员工的岗位、职务、技术、技能及工作中的表现与业绩，每年确定和调整员工薪资。

二、试用期工资

（1）员工试用期间的工资为基本工资的80%。或者依据实际情况，制定养老机构试用期的工资标准，但员工试用期工资不低于同行养老机构同岗位最低档工资标准。

（2）员工在试用期间被证明不符合岗位要求而终止劳动关系的，或者试用期间自行离职的，一律不得享受试用期间的绩效奖金。

（3）试用期合格并转正的员工，享受试用期间的绩效奖金。

三、薪资发放

（1）养老机构每月15日前后发放工资、奖金。

（2）员工对工资有任何异议的，可于工资发放后3个工作日内，至薪资专员处提出核查要求。若确实有误的，于次月工资中补齐，否则视为无异议。

四、薪资调整

薪资调整可分为整体调整和个别调整。

（一）整体调整

整体调整，是指养老机构根据员工在机构中的工作年限、国家政策和物价水平等宏观因素的变化、行业及地区竞争状况、养老机构发展战略及养老机构整体效益等情况而进行的薪资调整。整体调整包括薪资水平调整和薪资结构调整，调整幅度由机构董事会根据当年养老机构的经营状况做决定。

（二）个别调整

（1）养老机构可根据员工长期以来的工作态度、努力程度及绩效考核成绩，对员工的薪资进行上调或下调。

（2）养老机构对年中由于职务变动、出差外派的员工薪资进行调整。

（3）整个调薪过程及结果都作为养老机构的关键信息，不得以任何方式泄露。

（4）各岗位员工薪资调整由机构董事会审批，审批通过的调整方案和各项薪资发放方案由人事行政部门执行。

五、福利

养老机构的员工福利由法定福利和机构内部福利两部分组成。

（1）法定福利，是指养老机构根据国家及地方法律法规为符合缴纳资格的员工办理的社会保险等。

（2）机构内部福利，是指养老机构本着保障、补贴、慰问员工而设立的个性化和非法定的福利项目。

① 养老机构为员工提供三餐及住宿，如不接受，机构无另外食宿补贴。

② 养老机构在特定节日为员工准备礼品，如员工生日、中秋节、春节等。

③ 养老机构不定期举办各种文体活动，丰富员工的业余生活。

第三节　培训、考核与晋升

培训、考核、晋升关乎养老机构的发展路径和发展规模。在养老机构建立之初可以不必考虑这部分内容，当养老机构的发展开始步入正轨且平稳发展到一定水平时，就要把这部分内容纳入员工手册的重要板块。

以下是常见的养老机构员工手册中培训晋升模块的内容。

一、员工培训

（一）培训目的和要求

（1）目的：提高员工素质和工作效率，加强员工的品德教育，提升员工的知识技能，保证养老机构提供优质的养老服务。

（2）要求：养老机构根据各部门工作需要开展相应的岗位培训，员工应积极参加，不断更新知识、提升专业技能。对养老机构要求必须参加的培训课程，如无正当理由，员工一律不得缺席；如确有困难不能参加的，须根据机构请假制度的相关规定提前向部门主管或人事行政部门提出申请，待审批通过后方可请假，否则将按旷工处理。

（二）培训的类别

养老机构员工培训分为岗前培训和在岗培训。

（1）岗前培训。所谓岗前培训，是指新招聘员工在养老机构上岗前均须接受的培训。岗前培训主要包括以下5项内容：① 养老机构简介及文化；② 养老机构的规章制度；③ 养老机构的服务简介；④ 养老机构的业务特点；⑤ 员工即将入职的岗位职责及工作规定流程等专业知识。

（2）在岗培训。所谓在岗培训，是指养老机构通过在岗培训制度，挖掘在职员工的潜在能力、提升员工的价值。在岗培训的主要形式有：① 定期或不定期的培训班；② 电子化学习；③ 个人进修；④ 外出考察。

（三）培训的意义

员工培训是养老机构达成经营目标、提升绩效、实现机构发展、提供人力资源的重要保证；是员工胜任岗位职责、提升自我、开发潜力、突破自我、拓展职业素养最有效的途径之一。员工岗前培训考核不合格者不得录用，累计3次在岗培训不合格者可由人事行政部门提请院长或部门主管同意后予以降薪或降级处理。

二、绩效考核与评估

（一）考核类型和目的

1. 考核类型

员工考核主要针对员工的品德、能力、考勤及绩效等方面进行综合考查。可依据时间标准，划分为月度考核、季度考核、年度考核；根据考核对象不同，可对机构领导、部门管理者和员工进行考核等。

2. 考核目的

为了让员工对各自的工作情况有清晰的认知，更加明确各自的工作目标要求；有针对性地改进和提高员工工作技能，实现机构员工个人的职业发展。

3. 考核内容

养老机构根据实际情况，以部门为单位按月度开展考核，季度与月度考核同步。同时，人事行政部门须进行全面性的员工年度考核，对员工的表现、能力等进行专业的综合考核评估，考核结果作为员工薪金调整和职务调整的决定性条件。员工考核工作须做好考核表格的填写与审核（相关绩效考核表见附件）。

考核具体内容应包括以下方面：

(1) 员工应每月针对自己的工作岗位和内容做出相应的工作计划，明确应达到的工作目标。

(2) 工作目标设定完毕后，应提交给部门主管审核，由部门主管负责对其进行跟踪、辅导和考评。

(3) 由上级主管对下级员工逐级进行考评，上级主管有责任对下级员工的绩效管理进行跟踪和监督。

(4) 上级主管必须公平、公正地对员工进行考评。

(5) 人事行政部门每季度发放绩效考评表给各部门，各部门主管对下级员工进行分析及考评，把最终考评结果上报人事行政部门，人事行政部门再根据本人的奖惩记录进行评分，并且统计发布。

（二）考核的意义

员工考核是决定招聘结果、定职定岗、职级评估、薪资调整等方面的重要评判依据，养老机构要以“公平公正”为原则对每位员工进行考评。

（三）其他要求

各部门、各职位的具体考核标准因各职位工作内容及要求而定。机构对绩效考核不合格者，视为不能胜任本岗位的工作，有权扣发全部绩效工资和奖金，并且保留调整其固定薪资额度的权力。

三、内部调动

养老机构有权根据员工的能力、工作表现及养老机构的实际需要，将员工调至养老机构的其他岗位，这也有利于发挥员工的潜能。人员的内部调动必须获得有关部门领导及人事行政部门的审批，并且需要完备调离原部门手续，交接好工作。

机构人事行政部门须经常公布养老机构内部职位空缺的信息，员工可自行报名或提出岗位调动申请或推荐外部人才竞选职位，具体调动工作由人事行政部门及相关部门协调、负责。

四、晋升机制

（一）养老机构鼓励员工良性竞争上岗

在出现职位空缺的前提下，工作勤奋、表现出色、能力出众并且与空缺职位匹配度高的员工将获得优先晋升和发展的机会；养老机构在一定程度上支持良性竞争上岗。

（二）获得职务晋升的条件

(1) 具备优良的职业道德；

(2) 工作成效显著；

(3) 个人工作能力强；

(4) 年度考核成绩排名位于机构中上水平；

(5) 对有关职务工作充分了解，并且对该职务有浓厚的兴趣；

(6) 具备其他与职务要求相匹配的综合能力；

(7) 已参加过拟晋升职务须接受的系列培训，成绩合格；

(8) 达到拟晋升职务所规定的工作阅历。

第四节　奖励与惩罚

奖励与惩罚这部分内容是员工比较容易忽视的，养老机构在编撰员工手册时应将这部分的内容调整到薪资与福利板块之中。在编撰时，这部分内容考虑的方向是以可量化的、可评估的方式或数据来对员工的服务或工作内容进行奖励或惩罚。

以下是养老机构常见的员工奖励与惩罚部分的内容。

一、奖励

（一）奖励的条件

在工作岗位表现优异，为养老机构增添荣誉，有下列表现之一的员工与部门，养老机构应给予精神鼓励或物质奖励：

（1）出色完成本职工作，获得各级各项先进称号的部门和个人。

（2）在各类行政或业务考核、评比、竞赛、交流等中获得优异成绩者。

（3）积极开拓业务，发展新技术，开展新项目，对提高机构护老服务技术水平有突出贡献者。

（4）在抢救危重老人，提高为老服务质量，创新发展等方面卓有成效，为养老机构争得较大荣誉和推动机构发展者。

（5）在培养人才、技术培训教育、继续教育中做出突出贡献者。

（6）有良好的职业道德和职业素质，热心为老人服务、为老服务事迹突出，受到老人及家属好评，有较大影响者。

（7）坚持以老人为本、质量第一、服务第一，做到一切行为为了养老机构的荣誉和利益，在突发性事件处理中做出突出成绩者。

（8）有高度责任感，杜绝了严重差错和各种事故的发生，使养老机构利益免受重大损失者。

（9）在购置设备、物资供应、仪器维修保养、能源利用、财务监督等方面为养老机构节约开支，成绩显著者。

（10）对养老机构民主管理、增收节支提出合理化建议，被采纳后收效显著者。

（11）为了实施养老机构政务公开接受社会监督，对举报人、投诉人设举报、投诉奖。举报、投诉经查实对当事人给予必要的处罚，对举报、投诉人进行奖励。

（12）拾到老人和家属财物及时上报综合行政办公室，拾金不昧者。

（13）严格遵守劳动纪律，全年出勤率达100%者。

（14）在其他各项工作中为养老机构增添荣誉者。

（二）奖励形式

（1）利用各类会议、各类刊物及通报表扬等对员工的行为进行通报表扬。

（2）按批准权限和审批程序授予各种荣誉称号、证书或奖金，如优秀员工奖、服务明星等。

（3）按批准权限、审批程序或请示上级给予荣誉表彰。

（4）采取优先提供培训、优先培养、优先提拔任用的激励方式。

（5）获得奖励的员工事迹，由养老机构按有关规定记入人事档案。

（6）现金奖励根据实际情况决定具体金额。

二、惩罚

在为老服务及其他工作中，凡有损于老人利益及养老机构荣誉的部门和个人，违反规章制度且经批评教育仍不改正的，将视情节轻重，给予行政处分、经济处罚、留职察看、解聘等处罚。养老机构的惩罚制度可依据员工以下的不良行为进行惩治和处分。

（一）违反操作常规和操作规程

（1）对违反操作常规和操作规程造成老人伤害事故的直接责任者，罚款200元，并且承担经济赔偿的30%，同时，给予行政处罚或解聘等处理。对隐瞒真相者除以上处罚外，还要追究相关法律责任。

（2）对在为老服务中发生重大差错，但尚未构成事故的直接责任者，予以首次警告，并且罚款100～200元；需经济赔偿的承担赔偿金额的20%，严重者给予留职察看、降级或解聘等处罚。

(3) 对违反操作规程造成严重差错和违反“五不准”(不准歧视、虐待、戏弄、打骂、变相体罚入住老人;不准接受、侵占入住老人的财物;不准侵占、克扣入住老人的计划供应品;不准让老人替员工做私事或代替员工干活;不准压制民主,对入住老人挟嫌报复)原则者,处以100～300元的罚款。严重者给予行政处罚或解聘等处理。如有经济赔偿的,当事人承担20%的赔偿金额。

(4) 对后勤部门(驾驶、配电、高压容器、液氧、排污、膳食等)因违反操作规程而造成后果者,给予相应处理,除罚款100～500元外,个人承担直接经济损失的30%;视情况轻重,给予留职察看、降级或解聘等处罚;隐瞒真相者除以上处罚外,还要追究相关的法律责任。

(5) 其他违反操作常规造成后果者,视情况轻重,做出相应处罚,如有经济赔偿的其个人承担赔偿金额的20%。

(二) 违反文明服务及职业道德规定

(1) 工作时讲粗话、脏话、刺激性和侮辱性等不文明语言,甚至吵架、打架、聚众闹事者,罚款100～500元。情节严重的,对相关人员给予行政处罚或解聘等处理。

(2) 用老人公费和医保卡记账、开药及挪用老人钱物者,除扣发当月绩效工资外,还处以记账、开药或检查费用5～10倍的罚款。情节严重者,给予解聘处理。

(3) 利用工作职务之便收受或索取老人财物者,经查实处以10倍罚款,并且根据情节轻重给予留职察看、降级、解聘处理。

(4) 在为老服务工作中,如对老人冷、硬、顶、拖或故意刁难老人等,老人及家属投诉后经查实每次罚款100～300元。情节严重并屡教不改者,机构予以解聘处理。

(5) 利用职务之便,擅自动用养老机构各类设备为已所用,经查实罚款100～300元。情节严重者,加重处罚。

(6) 遇突发事件等紧急状态，接到通知的医护人员、后勤人员等应立即到位，否则视作故意推诿处理，将处以100～300元罚款。情节严重者，给予降职或解聘等处罚。

(7) 其他违反文明服务和职业道德者，视情况对其做出相应的处罚。

(三) 违反劳动纪律

(1) 每迟到早退1次扣款10元；累计迟到早退3次视为旷工一天。

(2) 行政总值班应带头忠于职守，不得脱岗、离岗，否则一次扣款100元，因脱岗、离岗造成不良后果者，根据性质及危害程度做出相应处罚。

(3) 员工在上班时间应坚守岗位，不得离岗、串岗，否则一次扣款50元，因离岗、串岗造成不良后果者，根据性质及危害程度做出相应处罚，情节严重者可追究法律责任。

(4) 对制造不利于养老机构发展，不利于员工之间、老人之间、员工与老人之间团结等言行者，对老人家属或对外制造不利于养老机构各项工作的言行者、挑拨离间者等扣款100～500元，情节严重者给予留职察看、降级或解聘等处理。

(5) 凡上班时间做私事(洗澡、理发、看非业务书刊、打电话、聊天、带孩子、吃零食、抽烟、酗酒等)，违反劳动纪律者，每次扣款50～100元，屡犯者加重处罚。

(6) 工作人员在上班期间应按本岗位规定穿工作衣，戴口罩、工作帽、胸牌等，如违反，一次扣款20元；员工工作时应严肃认真，不得大声喧哗，面对老人要微笑服务，不得斥责、无视、蔑视，用言语伤害老人，违反者每次罚款50元。

(7) 员工未经部门批准擅自调班造成脱岗、漏岗者做旷工处理，后果严重者加重处罚。

(8) 员工请假必须提前一天提出申请，征得部门负责人的同意，并且交出病假单或调休单后方可休息，未经请假或虽请假未被批准擅自离岗者，按旷工处理。部门负责人请各类假须提前一天向院长提出申请。

(9) 各部门应做好安排，需要加班的由各部门负责人提前申请，注明加班人员、预计时间及理由，经机构批准后方可执行；加班以小时为单位记入考勤，按工作时间给予加班费补偿。凡参加开会、学习、培训和文娱活动等，占用休息时间的，不视为加班。个人擅自加班或加班不合理者不视为加班。

(10) 每旷工一天，扣发月工资(包括基本工资和绩效工资)的 10%，旷工三天(含累计)以上者，除扣发月工资的 50%以外，机构还可视情况给予解聘等处理。

(四) 违反消毒隔离、卫生制度

(1) 自行车、助动车、机动车应放在指定地点，乱停乱放者，每次罚款 50 元。

(2) 员工应自觉保护养老机构环境，乱倒垃圾杂物、泼倒污水者，每次罚款 50 元。

(3) 厨房工作人员在工作时，应穿工作服，戴口罩、帽子，违反者，每次罚款 50 元。

(4) 员工应自觉爱护绿化，随意损坏绿化者，除按市场价赔偿外，另外罚款 100 元。

(5) 医务、护理、食堂等工作人员应注意形象，上班时涂指甲油、戴外露首饰 、穿拖鞋和背心等行为不端者等，每次罚款 50 元。

(五) 浪费、损坏养老机构财物

(1) 擅自将养老机构各种设备、器具车辆借给他人或外单位私用者，视情节罚款 100～500 元，如损坏需照价赔偿。

(2) 丢失公款者，当事人应按丢失金额赔偿；丢失或损坏公物者，视其性质予以处罚。

（3）凡丢失养老机构刻制的各类图章的，按图章费用的2倍赔偿，并且按造成后果的轻重进行处罚。

（4）养老机构内的冰箱一律不得放置私人物品，不得私用电炉及其他禁用电器，违反者每次罚款50元。

（5）私自将养老机构的纸张、棉花、纱布、劳保用品、清洁用品等材料挪作他用的，按用料的成本价5倍处罚。

（6）偷盗公物者，按被盗物品的市场价10倍处罚，并且给予行政处罚、解聘甚至追究法律责任。

（六）违反安全、治安条例

（1）在禁止吸烟的场所吸烟者，每次罚款50元。

（2）养老机构员工必须遵守养老机构的规则，未经行政总值班同意，不得擅自留宿非本机构人员，违反者罚款50元。

（3）凡借用工作理由侮辱、嘲笑、打骂、虐待老人，借老人弱势欺侮老人，每次扣除6个月的绩效工资，并且给予行政处罚。严重者予以解聘处理，违法者交由执法机关处理。

（4）机构内任何部门、任何时间、任何地点不得进行赌博，违反者扣除6个月绩效工资，屡教不改者，机构予以解聘处理。

第五节 考勤与休假

工作时间表俗称排班表，这部分内容的设计是否合理关乎养老机构的服务质量和效果。原则上和员工的岗位职责相关，如照护服务岗位的排班时间要考虑老人的生活作息时间。其他岗位则要考虑机构运营的实际需要。同时，员工的排班也要注意公平公正，合理合法。

以下是常见的养老机构考勤和休假制度。

一、员工考勤

(一) 工作时间

(1) 中心行政管理人员，实行周一至周五工作，周六、周日进行轮休的排班模式。工作时间：8:00—11:30;12:30—16:30。

(2) 照护师、安保员、保洁员、医务部医护人员等的工作时间，可根据部门实际情况而定。

① 照护师：实行早晚班倒班制，午休、用餐时间为轮休。

早班时间：6:30—18:30；

晚班时间：18:30—次日6:30。

② 安保员：实行24小时轮班制，上班24小时，休息24小时。

工作时间：8:00—次日8:00。

③ 保洁员：实行日长班制，做六休一，轮休。

工作时间：7:00—16:00。

④ 医务部：医生、护士的上班时间，需在保证白班和夜班值班的基础上自行安排，但必须保障夜晚有人员值班。

白班时间：8:00—17:00；

晚班时间：17:00—次日8:00。

(二) 员工考勤

(1) 员工考勤大致可包括指纹打卡制度、刷卡制度、考勤签到制度等。养老机构可根据自身的实际情况，实行适宜的考勤制度。

(2) 员工必须准时上下班，不得迟到早退和旷工。员工在规定上班时间前未打卡视为迟到，在规定下班时间前打卡视为早退。员工因公外出时，应经部门主管批准并填写《外出申请单》后方可离开，因情况紧急无法第一时间填写《外出申请单》的员工，需事前向部门主管报备，事后补办《外出申请单》并交于人事行政部门。

(3) 人事行政部门每月1日至3日统计上月的考勤情况，各部门员工须在每月最后1日前将个人的《请假/休假申请单》和《加班申请表》提交给人事行政部门，因未及时提交上述单据而影响个人工资和奖金发放的，责任由其个人承担。员工可在每月2日前查看本人的考勤情况。

(三) 迟到早退的处罚

(1) 考虑天气、交通等原因，员工每月累计迟到20分钟以内的，不做处罚。

(2) 员工迟到时间每月累计超过20分钟(不含20分钟)的，予以惩罚，每次扣20元。

(3) 员工迟到或早退每次超过60分钟(含60分钟)的，每月根据考勤记录，1次按旷工半天计算，2次按旷工1天计算，以此类推。

(4) 员工迟到或早退每月累计惩罚超过3次(不含3次)的，另扣除工资200元。

(5) 此部分罚款款项以现金的方式由个人支付，作为活动备用金处理。

(四) 旷工的处罚

(1) 员工旷工行为：提供虚假病休证明骗取休假的；未经主管部门或主管领导批准，擅自脱岗、离岗的；因本人违法乱纪，被公安或司法机关收容、审查、拘留、传讯不能进行正常工作的；迟到或早退累计达到旷工标准的；委托代打卡(登记考勤)的；其他类似行为。

(2) 旷工1天者，停发当月全部奖金，扣除当月3天工资。

(3) 一个季度内累计旷工2天(含2天)以上的，停发当年全部奖金，每月扣发3天的工资，且予以口头警告处分，屡教不改者养老机构有权与其解除劳动合同而不支付经济补偿。

(4) 员工凡发生下列情况均以旷工处理：用不当手段，骗取、涂改、伪造休假证明的；未请假或请假未批准，不到养老机构上班的；无正当理由迟到半天以上者(有正当理由者上班后应向直属领导说明情况，批准后按事假处理)；不服从工作调动，经教育仍不到岗的；被公安部门拘留的；员工发生旷工，旷工日按缺勤日 3 倍扣除工资，连续旷工 3 天或全年累计旷工 5 天者，养老机构对其处以除名处罚。

二、员工休假

（一）加班调休

原则上养老机构不提倡员工加班，鼓励员工在工作时间内合理高效地完成工作。但如遇特殊情况无法在工作时间完成工作必须加班，应遵守以下细则：

（1）工作人员加班之前需向人事部递交《加班申请单》，递交时间应于加班当天 16:00 前由部门直属上级批准签字后，加班方可生效。如遇特殊情况需于第二个工作日上午 12:00 前向人事部提交补填的加班单，并且由人事部主管签字认可。

（2）工作人员于休假日或工作时间外，因工作需要而被指派加班的，无特殊理由不得推诿。

（3）加班时间以小时为单位计算，报酬直接计入工资。

（4）因特殊情况需要延长工作时间的，在保障劳动者身体健康的条件下延长的工作时间每日尽量不超过 3 小时，每月不得超过 36 小时。

（5）员工加班以调休抵扣，加班调休以 1 小时起算，一年内有效。

（6）调休申请须至少提前 1 天，由部门主管签字确认，特殊情况需要补填申请的，人事部主管应签字认可。

（二）病假、婚假、产假及哺乳假、探亲假、丧假、事假等的规定

员工请假须至少提前 1 天办理书面手续，如遇请假因紧急情况不能事先呈报，在口头请假外，需要事后一周内补齐《请假/休假申请单》，因个人原因在月底人事行政部门统计个人考勤时还未补齐《请假/休假申请单》的按旷工处理。员工未经批准无故缺勤按旷工处理。员工假期已满未续假导致缺勤的以旷工处理。员工请假超过 2 周的（病假、丧假等特殊

情况除外）需要提前3个工作日向上级主管提出申请并填写《请假/休假申请单》，经部门主管批准后交给人事行政部门，作为考勤、绩效备案资料。

1. 病假

（1）员工的所有病假均须及时向主管报备。员工如因疾病临时休假，应及时通知部门负责人，并且尽快补交《请假/休假申请单》。员工休3天以内的病假，需在上班第一天补交《请假/休假申请单》；员工休长期病假，需由本人或亲属在条件允许时及时补交。

（2）员工休2天（含）以上病假需出具二级以上医院的有效证明，无有效证明者按事假处理，情况不属实或提供虚假证明者，以旷工处理，并且处以200元/天的罚款，情节严重者对其予以开除处理。

（3）员工休婚假、丧假、产假、事假及年假期间患病的仍按原假考勤，不做病假处理。

（4）员工享受年假的，可以以年假优先冲抵病假。

（5）员工因患病或非因公负伤、需要停止工作进行医疗的，根据本人实际参加工作年限，给予3～24个月的医疗期，以员工的基础工资为基数，按照下表比例给付病假工资。病假工资可以低于当地最低工资标准，但不得低于最低工资标准的80%。

表3.1 员工病假工资的给付标准

给付比例	工龄/年					
医疗期	3年以内	3～5年	5～10年	10～15年	15～20年	20年以上
1个月（含）以内	100%	100%	100%	100%	100%	100%
3个月（含）以内	80%	85%	90%	100%	100%	100%
6个月（含）以内	—	60%	80%	90%	100%	100%
9个月（含）以内	—	—	60%	80%	90%	100%

续　表

给付比例	工龄/年					
医疗期	3年以内	3～5年	5～10年	10～15年	15～20年	20年以上
12个月(含)以内	—	—	—	60%	80%	90%
18个月(含)以内	—	—	—	—	60%	80%
24个月(含)以内	—	—	—	—	—	60%

2. 婚假

(1) 凡请婚假者,应提前一周填写《婚假申请表》并且交部门主管,由部门主管安排人员临时接替其工作,以保证养老机构工作的正常运转。

(2) 员工申请婚假需提供民政局办理的结婚证原件,本人持经部门主管签字确认的《婚假申请表》和结婚证原件到人事行政部门办理相关婚假手续。

(3) 初婚婚假为5天,凡符合国家规定的晚婚年龄(女年满23周岁,男年满25周岁)的员工,初婚假期可增加5天,共10天。

(4) 非初婚员工婚假为3天。

(5) 员工休婚假原则上需一次连续休假,如因机构原因需要二次休假的须报人事行政部门批准。

(6) 员工在转正之前领取结婚证书的不享受婚假,结婚日期以结婚证日期为准。

(7) 员工在与养老机构签订的合同有效期内领取结婚证的,婚假有效期为领取结婚证之日起一年内,以结婚证上的登记日期为准。

(8) 员工的婚假经批准按国家规定的正常出勤工资全额发放,但不享受与出勤情况和工作绩效相关的绩效奖金及部分福利。

3. 产假及哺乳假

(1) 女职工生育符合《中华人民共和国人口与计划生育条例》,并取得当地卫生行政部门认可的医疗保健机构出具的《生育医学证明》的，方可享受产假及哺乳假。

(2) 请产假应提前一周填写《产假申请》，报部门主管，由部门主管安排人员接替其工作，并持《产假申请》至人事行政部门备案。

(3) 根据《女职工劳动特别规定》，女职工生育享受98天产假。其中产前假可以休假15天；难产的，增加产假15天；生育多胞胎的，每多生育一个婴儿，增加产假15天。此外，根据《关于修改〈上海市人口与计划生育条例〉的决定》，以及2023年新修改的《中华人民共和国人口与计划生育法》的相关条例，其中女职工的生育假为60天。综上，上海女职工的产假与生育假相加，生育期间，可有158天假期。

(4) 产假期间的医疗津贴，按照当地《城镇职工生育保险办法》实施细则的规定办理，由社保局统一支付。

(5) 产假期间遇有法定节假日，不得重复计算假期。产假不应与其他公休假、年假连休。

(6) 女员工初婚怀孕不满4个月流产的，根据医院证明给予产假15天；怀孕不满4个月引产的，根据医院证明，给予产假30天；怀孕4个月以上流产的，根据医院证明，给予产假42天。

(7) 员工违反有关国家计划生育规定或未经结婚登记而分娩的，不享受生育假和相关福利待遇。

(8) 女员工产后享受每天1小时的哺乳假，最长不得超过3个月。

4. 探亲假

(1) 与养老机构签订《劳动合同》的员工工作满1年以上的，与配偶、父母不居住在一起，而且不能在公休假回家居住一昼夜的，可按规定享受探亲假。

(2) 原则上父母或配偶父母住所不在本市，居住地路程距离养老机构路程在500千米以上的员工可享受3天探亲假。

(3) 凡请探亲假者,应提前1周以书面形式向部门主管申请批准,并且送机构人事行政部门核准备案。

(4) 探亲假逢节假日连续计算假期。

(5) 探亲假一年只可休1次,应当次用完,不可分开使用,路程假期另计。

5. 丧假

(1) 凡请丧假者,应以书面形式向部门主管申请批准,并且出具相关户籍证明及死亡证明。

(2) 员工直系亲属(父母、配偶、子女、配偶的父母)死亡准假3天。

(3) 员工近亲属(兄弟、姐妹、祖父母或配偶的祖父母等)死亡准假1天。

(4) 员工在外地的直系亲属死亡,丧事在当地办的,另给予路程假,但不予路程费报销。

(5) 丧假须当次使用完毕。

(6) 丧假经批准按国家规定的正常出勤工资全额发放。

6. 事假

(1) 员工申请事假,经部门主管批准后方可执行。员工请事假须提前1天填写《请假申请表》,如确有特殊情况,可以口头申请的事假限1天以内,经上级主管同意后方可请假。

(2) 事假以小时为计假单位,原则上员工每月事假累计不得超过1个工作日,如有特殊情况需请假3天以上的,要提前1周报部门主管,经主管及以上领导批准交人事行政部门备案后方可生效。各部门主管请假由其直属上级批准并报人事行政部门备案后方可生效。员工请事假期间不得享受养老机构提供的相关福利。员工连续请事假30天(含)以上的,原则上按暂时停薪留职的方法处理,并且养老机构保留中断其社保福利的权力。

(3) 员工请事假,按天扣除对应的全额工资(工资及补助金费用)。

7. 带薪年假

(1) 自试用期结束之日起,养老机构应给予每位正式聘用的员工一定工作日的带薪休假。休假天数按入职日期计算。

(2) 员工带薪年假的计算按公历的 1 月 1 日至 12 月 31 日计算。员工累计工作已满 1 年不满 3 年的,年休假为 5 天;已满 3 年不满 5 年的,年休假为 10 天;已满 5 年不满 10 年,年休假为 15 天;已满 10 年不满 20 年的,年休假为 20 天。

(3) 员工带薪假期的最小单位为半天(4 小时);使用带薪假期的员工应提前 1 天向所属部门主管提出申请,同时填写《请假/休假申请表》;若员工直属部门主管认为员工使用的带薪假期影响了本部门的工作,申请人应变更休假日期或将天数分割使用。

(4) 年假要求员工在 1 年内休完,1 年之内可以集中休也可以分段休。

(5) 员工患病、负伤及因私请假的,若本人申请,可以带薪假期的天数替代病事假期。

(6) 员工因养老机构工作繁忙等特殊情况本年度无法休完带薪年假的,可顺延至下一年度。

(7) 养老机构确实因工作需要不能安排职工年休假的,经职工本人同意可以不休假,对职工应休未休的年休假天数,养老机构按照该职工工资收入的 300%予以发放。

(8) 机构安排员工休年假,但员工因本人原因且书面提出不休的,养老机构可以支付其正常工作期间的工资收入。

(9) 与养老机构解除合同的人员,其未休年假不予兑现或补偿。

第六节　员工关系与沟通

本部分内容可以与人力资源管理相融合。以下是常见的养老机构中员工关系与沟通的内容。

一、意见调查

养老机构应定期向所有员工全面征询关于养老机构工作及运营的意见，并且对此保密，这些意见将有助于改善养老机构的管理。

二、合理化建议

如员工有建议或意见，养老机构负责人应虚心接纳，这对养老机构的未来发展很重要。员工可以直接向领导提出意见或建议。

三、开门政策

部门负责人和综合行政办公室应向员工开放，并且可以进行个别会谈。当员工的直属领导无法解决员工的问题和诉求时，员工可以向上级领导层层汇报，直至问题和诉求解决。

四、问题申诉和解决程序

如员工有运营或管理方面的难题，又不便在员工会议、座谈会或专题讨论中加以解决，员工可以选择与领导进行沟通。当然这种沟通也应按照一定的程序进行：直接领导—部门主管—院长。

五、座谈会

座谈会是指员工和管理人员之间的小型非正式会谈，目的在于探讨一些问题，并且提出建设性的意见和建议。座谈会可采取每季度召开一次或必要时召开的方式开展。

六、员工大会

召开员工大会的目的是更好地上情下达、鼓舞士气、表彰先进。养老机构须定期召开员工大会，向员工宣传养老机构的相关政策，宣告有关解决员工困难、采纳员工建议、落实行动和计划的具体会议内容。

七、其他

员工还可以通过信件、邮件等方式与机构领导进行沟通。

第七节　员工行为准则

行为准则是员工培训的重要部分。对于员工手册的整体设计和编撰而言，这部分内容既可以与培训相融合，也可以单独作为企业文化的一部分进行设计。因而，这部分内容的编撰要考虑企业文化和法律规范等。

以下是常见的养老机构中员工行为准则的内容。

一、养老机构形象

(1) 员工必须对养老机构的经营范围有清晰的认知，并且能全面正确地向老人或家属及其他来访者介绍本机构的业务。

(2) 员工在接待来访者的咨询时，要求注视对方，不卑不亢，微笑应答，切不可冒犯对方。

(3) 员工在任何场合都需规范用语，语气温和，音量适中，严禁大声喧哗。

(4) 员工若遇来访者、老人、家属等进入工作场地，必须礼貌接待，上班时间(包括午餐时间)办公室内需保证有人做接待工作。

(5) 员工接听电话应及时，电话铃响不应超过三声。如遇该员工不能接听的情况，距离最近的员工应主动接听电话，重要电话应做好接听记录，严禁占用机构电话太长时间。

（6）员工在接听电话、洽谈业务、发送电子邮件及招待来宾时，必须注重本机构的形象，按照养老机构规定使用统一的名片（带有养老机构标志及落款）。

（7）员工在工作时间内需保持饱满的精神面貌。

（8）员工要注重个人的仪容仪表，工作时的着装及修饰用品须大方得体。

二、生活作息

（1）员工应严格遵循养老机构统一的工作作息时间，按照规定的时间上下班。

（2）员工如因工需要外出，要向部门主管请示签退后方可离开养老机构。

（3）员工遇突发疾病需当天向部门主管请假，事后补交相关证明。

（4）员工请事假需提前向部门主管提出申请（附带书面申请），经部门主管批准签字后方可休假。

三、卫生规范

（1）员工须每天保持个人工作区内的卫生清洁，确保地面、桌面及设备的整洁。

（2）员工须自觉保持公共区域的卫生，如发现公共区域不清洁的情况，应及时清理。

（3）员工在养老机构内接待来访者、老人、家属等，接待结束后应立即清理会客区。

（4）养老机构的办公区域内严禁吸烟。

（5）员工应正确使用养老机构内的水、电、空调等设施，最后离开办公室的员工应关闭空调、电灯等一切机构内应该关闭的设施。

(6) 员工要爱护办公区域的花木。

四、行为细则

(1) 员工在工作时间内不得无故离岗、串岗，不得闲聊、吃零食、大声喧哗，确保办公环境安静有序。

(2) 员工间的工作交流需在规定的区域内进行(如大厅、会议室等)，如必须在工作区域内进行谈话，时间一般不超过3分钟(特殊情况除外)。

(3) 员工应加强学习与工作相关的专业知识及技能，积极和同事交流、学习专业知识及技能，积极参加本机构组织的各项培训课程(培训实行签到制，出席记录和培训考核也作为养老机构绩效考核的重要组成部分)。

(4) 员工应经常总结工作中的得失，积极参与部门的业务讨论，不断提高自身的业务水平和思想境界。

(5) 员工不得无故缺席本部门的工作例会及养老机构的重要会议(实行签到制)。

(6) 员工在工作时必须全身心地投入工作，保持工作的高效性。

(7) 员工在任何时间均不可利用养老机构的场所、设备及其他资源从事私人活动，一经发现，给予警告，情节严重者，养老机构可以予以辞退。

(8) 员工必须保管好个人的文件资料及办公用品，未经同意不可挪用他人的资料和办公用品。

(9) 员工要保管好个人电脑，按养老机构规定进行文档存储、杀毒及日常维护，如发生故障应及时报告，由养老机构安排专人修理。

第四章

财 务 管 理

财务部门是养老机构的重要部门之一。加强养老机构的财务管理，不仅是规范财务人员的工作行为，而且是约束机构其他工作人员财务行为的重要举措。养老机构应严格落实各项财务管理规定，既能严防腐败、贪污、受贿、行贿等经济违法行为，又能使机构内部财务工作的公平、公正、合法。

养老机构的财务管理首先要符合与财务相关法律法规的基本要求。考虑员工对财务专业知识的理解能力不同，本书采取“文字＋流程图”的形式对养老机构的财务管理予以设计说明。

第一节　财务管理的基本工作

一、员工财务行为准则

(1) 严禁员工挪用公款，严禁员工以任何名义、任何理由将公款借给或变相借给个人。

(2) 财务会计人员应妥善管好养老机构的款、物等，严格按照现金管理条例，单位库存现金原则上不能超 20 000 元。如出现公款被盗的情况应由出纳进行赔偿。

(3) 财务会计人员要忠于职守，严格执行财经纪律和财政政策，正确履行《中华人民共和国会计法》赋予的权利和义务，为养老机构管理好相关财务事宜。

(4) 养老机构院长在财务开支审批中，要严格按照财经纪律办事，五保金只能用于养老机构老人的生活，不得挪作他用；不得滥发奖金、补贴和实物。

(5) 养老机构内工作人员不得利用职权和工作之便谋取私利，在业务来往中不允许行贿受贿、收礼送礼、收取回扣。

(6) 养老机构领导和工作人员必须自觉做到廉洁自律，改进工作和生活作风，抵制各种不正之风。

(7) 养老机构应集中保管闲置固定资产，落实专人管理，防止财产流失。

(8) 养老机构应按实际需要有计划地购置日常生活用品，确保入住老人的生活需要。

二、财务管理工作规定

(1) 养老机构财务人员必须增强工作责任感和原则性，严守纪律，执行好《中华人民共和国会计法》的各项规定，遵守财务制度和财经纪律，加强财务监督，以身作则、奉公守法，做好会计工作，主动接受上级有关部门的监督和检查。财务人员对养老机构内财务方面出现的违法乱纪行为应及时向院部汇报。

(2) 养老机构财务人员应依法认真做好会计核算和会计资料的保管工作；加强内部监督，做到账、款、物由专人负责；相互配合、相互制约、会计账簿齐全，登账手续规范；科目设立正确，符合电算化要求，财务报告真实完整。

(3) 养老机构财务人员应按照规定标准发放工资及其他报销费用，开支合理、凭证真实、手续齐、责任全；凡不符合报销规定、无规范的附件和未经负责人签字的各类报销单据应不予报销。

(4) 养老机构财务人员应忠于职守，加强财务管理，各种用品需登账造册，各类物品的领用和报废应按规定办齐手续。

(5) 养老机构财务人员应及时正确编制年度预算计划、年初决算报告、会计月报和年报。

(6) 养老机构财务人员应加强本机构的经济管理，定期进行经济活动分析，会同有关部门做好经济核算的管理工作，严格控制支出。

(7) 出入院老人持合同和通知单至财务室办理出入院手续。出院前1日由医务室、生活区将结账单送至财务室进行结算。

(8) 养老机构财务人员应定期结算生活区费用，随时与老人家属联系，以免造成呆账，如发现欠账应及时催收。

(9) 养老机构财务人员应配合有关部门做好定期对机构内固定资产、药库、仓库、电气设备及仪器设备等的监督检查工作，防止物品浪费和积压。

(10) 养老机构财务人员应严格按有关医保、公费医疗的规定结报医疗药费。

（11）养老机构财务人员应按规定妥善保管原始凭证、账本、工资清册、财务结算等资料。

（12）养老机构财务人员要努力学习专业知识，参加继续教育，依法做好会计工作；若有违法、违纪行为，均按《中华人民共和国会计法》相关条款惩治处理。

第二节　内部会计监督与控制

一、会计监督

（1）养老机构负责人对本机构的会计工作和会计资料的真实完整性负责，实行统一领导、分级管理。

（2）养老机构负责人组织会计人员和其他相关人员按照《中华人民共和国会计法》，依法进行会计核算、会计监督。

（3）养老机构负责人在财务会计报告上签名并盖章，以保证财务会计报告的真实完整。

（4）养老机构内任何人不得授意指使或强令会计机构、会计人员违法办理会计事项。

（5）养老机构负责人对会计机构、会计人员发现会计账簿等记录与实际款项及有关资料不相符、而无权处理的报告，应当及时做出查处决定。

二、会计控制

（1）相互分离控制。养老机构内物资采购经办人员，不负责物资保管，具体执行与审核人员不是同一人，与记账不是同一人；票据与印鉴需分离保管，出纳人员不得兼管稽核、会计档案保管、收入、费用、债权账目等的登记工作。

(2) 授权批准控制。养老机构财务人员办理重要的经济业务须向本机构领导和上级主管部门办理申报审批手续。

(3) 预算控制。养老机构按定员、定额和预算计划开支。

(4) 实物控制。养老机构物资、固定资产指定专人保管。

(5) 账目控制。养老机构定期或不定期地进行查账和盘点。

第三节 发票管理

(1) 领用发票时须登记清楚日期、数量、编号,领用人须签名。

(2) 领用后的发票须专人保管和使用,使用时应按发票顺序号使用。

(3) 各类发票必须规范使用,严格按物价部门审核的收费标准使用。

(4) 当天使用的发票存根联,必须于当天将相应的现金结清。

(5) 作废的发票各联须保持完整,不得遗失。

第四节 财务报销

一、报销审批与监控程序

(1) 养老机构除正常费用开支外,其余各项支出必须事先提出计划,支出审批权限批准后,在计划范围内列支。

(2) 办公用品购置:各部门根据实际需要,编制需求计划报院长审核汇总,按审批流程逐层批准后,由物资采购处按计划统一购买并建立实物账，务必详细登记办公用品的进出情况。物品领用时，需填制出库单并由分管领导批准。仓库每月末应将办公领用清单交至财务室进行核定监控。

(3) 物品采购报销须严格按养老机构的采购控制程序、库房管理程序、进货检验程序完备审批手续后才能办理报销。

(4) 财务出纳人员需严格执行财务制度，并且于每月月初汇总上月的报销清单，报上级主管审核。

(5) 养老机构一般将每月15日定为费用报销日。参加培训的员工必须当月进行转训，交由行政签字确认后方可报销。当事人填好报销单，交由部门主管签字，再交给财务即可。

二、报销规定

(一) 差旅费报销规定

(1) 员工出差应先填写出差申请单，并且按机构规定的程序报批后，方可到财务部门预借差旅费。

(2) 员工差旅结束后，填写差旅费报销单时，需连同出差申请单、原始报销凭证按规定的时间及审批手续到财务部报销。

(3) 员工差旅费报销标准必须严格按照养老机构的规定执行。

(4) 住宿费：单人出差每天最高不超过200元(一线城市除外)，一线城市(如深圳、广州、北京等)出差每天最高不超过300元，超出部分需由个人承担，如有特殊情况需院长批准后方可报销。

(5) 交通费：员工出差如需购买飞机票，一律由办公室行政人员统一购买，员工个人不得擅自购买。如员工擅自购买，费用由个人承担，养老机构不给予报销。出差若非处理紧急事务，普通员工以车、船为主要交通工具。员工长途出差交通费可实报实销，出租车发票报销不得连号。

(6) 出差津贴：每人每天50元。

(二) 市内交通费报销规定

员工在市内外出办事，应尽量选择乘坐公共交通(公交车或者地铁)，原则上不提倡乘坐出租车，如确因工作需要乘坐出租车的，要事先请示上级领导，并且在报销单上注明原因，报销时出租车票不得连号。

(三) 报销发票粘贴规定

报销人应将发票及相关附件分类逐张整齐地粘贴在报销单背面(左上角处)，完整规范地填写相应的报销单。具体要求如下：

(1) 费用报销单：按事件种类逐项逐件填写内容摘要，务必写清大小写金额，所附单据张数，有借款记录需要在报销时冲账的应注明借款人姓名、金额和时间。

(2) 费用报销发票的内容包括日期、商品名称、单价、数量、金额并盖有开具发票单位的发票或财务专用章。经办人必须要求开票单位如实填写发票的所有内容，发票涂改、大小写不符、假发票及非行政部门开具的收款收据一律不予报销。

(3) 差旅费报销单。按途中经过的地点及发生的相关费用逐地逐项填写对应的时间、车船费等，因出差发生的费用填在差旅费报销单中“其他”费用项上，应注明出差事由、随行人员及借款情况。

(4) 员工填写报销单时应使用水笔或钢笔，不得使用圆珠笔或铅笔。

三、报销时间

购买材料产生的费用和支付工程款，必须在单据所填日期的一个月内报销，员工如要报销其他费用，必须在费用发生之日的本周内按规定程序进行报批。

四、财务报销流程

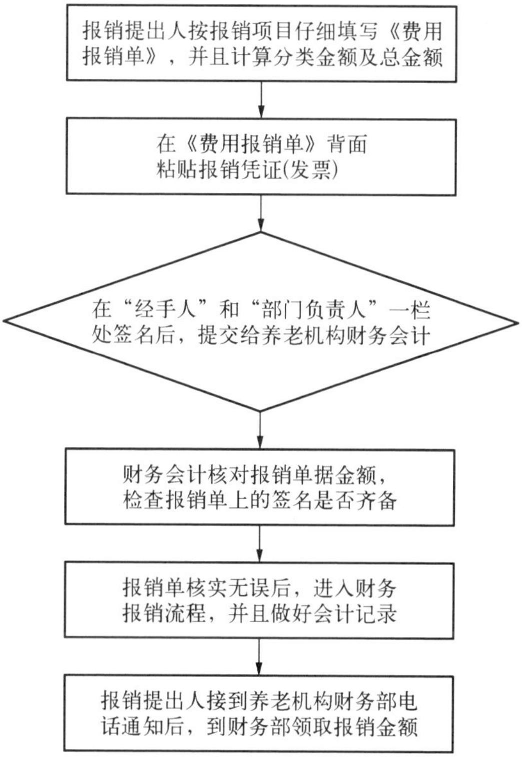

图 4.1　财务报销流程图

五、不予报销的情况

(1) 各类违章罚款及其他因当事人过失造成损失的开支。

(2) 其他不符合国家开支标准的单据,无理由且跨年度的单据。

第五章

行政后勤管理

行政后勤工作是养老机构正常运行的重要保障和后援力量。因此，在员工管理中，需要加强行政部和后勤部员工的管理，提高员工素质，规范员工行为，制定完善的管理制度，以促进养老机构更好地提供优质的为老服务。

这部分内容也是员工培训的重要部分。对员工手册整体的设计和编撰而言，这部分内容既可以与培训相融合，也可以单独作为部分岗位（如行政岗位等）说明的附属文本进行编撰。

本章是常见的养老机构中行政后勤管理部分的内容。

第一节　会议管理

一、管理目的

管理者为进一步规范养老机构各项会议和培训的流程，统一会议管理模式，精减会议数量、缩短会议时间，提升会议质量，制定本制度。

二、管理职责

(1) 所有重要会议要在养老机构领导批准后到综合部登记备案。

(2) 其他部门主办或召集的会议，由行政部协助开展并承担主要的会务工作。

(3) 其他部门主办的会议其会议资料除各自存档以外，还须由行政部负责整理、分发、立卷、存档等。

三、会议分类

(一) 部门周会

(1) 主持与记录：各部门助理负责会议记录，各部门主管主持会议。

(2) 召开时间：每周一上午 10:00。如遇特殊原因需要延期召开会议的由部门主管提前通知。

(3) 参加人员：部分部门主管和部门员工由于出差等原因不能参加周会，应提前向部门主管请假并说明情况。

(4) 会议内容：该部门上周工作总结、本周工作计划。

(二) 员工周会

(1) 主持与记录：会议由人事行政部门负责召集，总主管负责主持，行政专员负责记录。若总主管未列席会议，则由副总主管主持。

(2) 召开时间：每周五 15:30。如遇特殊原因需要延期召开会议的由行政专员提前通知。

(3) 参加人员：养老机构全体员工。若部分员工因出差等原因不能参加周会的，应提前向人事行政部门请假报备。

(4) 会议内容：养老机构日常运作情况总结；各部门汇报上周工作完成情况，着重反馈在任务执行过程中出现的问题；全体参会人员就工作中所遇到的问题进行发言。

(三) 养老机构工作述职会议

(1) 主持与记录：工作述职会议由人事行政部门负责召集，总主管主持，行政专员记录。

(2) 召开时间：每年召开 2 次，召开时间分别位于年中和年终，具体时间由人事行政部门安排。

(3) 参加人员：养老机构全体员工。若部分员工因出差等事务不能参加例会，应提前向人事行政部门请假报备。

(4) 会议内容：各参会人员各自总结、汇报半年来的工作情况，如工作具体内容、工作任务执行情况及所取得的业绩或成效等。

(四) 其他会议

(1) 机构年终总结表彰大会。此会议主要内容为总结全年的工作情况，部署下一年度的工作任务，表彰奖励先进集体及个人。此会议由行政部具体组织开展。

(2) 各专题会议。相关部门根据养老机构的实际工作需要可以不定期地组织召开此类会议。会议的内容主要是针对养老机构的运营管理、招商引资、企划工作、物业管理工作、预算管理，以及合约事宜等专项工作进行讨论、部署和总结。

(3) 员工发起的会议。养老机构员工也可以发起会议，如员工对养老机构的某一制度或工作中出现的问题需共拟解决方案，如需要多个部门协同时，可以申请适当级别的会议。由行政管理部门将会议纳入临时会议的范围，并且由部门主管批准。

四、会议召开

（一）会议安排

（1）凡涉及需要多部门员工参加的会议或由于阶段性工作需要机构临时召开的会议，会议召集部门需在会议召开前的1～2天内将总主管批准后的会议通知单报行政部，由行政部进行统一的工作安排，方可召开。

（2）行政部每月统一发布例会会议计划，与员工月排班表同时公布。

（3）凡养老机构列入计划的会议，如需更改日期或遇特殊情况必须临时安排其他会议的情况，组织部门应提前2天报院长审批并报请行政部调整会议计划，未经行政部调整的，任何人（部门）不得随意调整正常的会议计划。

（4）各部门工作例会必须服从养老机构的统一安排，各部门的会议不得安排与机构例会同时召开，应坚持部门会议服从机构会议、局部服从整体的原则。

（5）会议一经确定，参会人员应预先做好各项工作的安排，原则上不可缺席或迟到。如遇特殊情况须提前向主管领导请假，获得批准后方可指派专人代为参加，会后该员工应主动询问会议内容及交办事项，确保会议部署的各项工作能按时保质完成，并且员工各自对工作结果负责。

（二）会议准备

（1）机构有专项主题或需要投影设备演示说明的会议，应由行政部提前做好投影设备的连接与调试工作。

(2) 会议之前,行政部应有专人负责会议会标的制作和设置,根据会议级别或性质准备好会议饮用水或其他招待用品。

(3) 特别重大的会议,应由行政部专人负责各项准备工作,具体包括以下内容:会议议程安排(应提前报交养老机构领导或主要参会者);会议资料准备(资料如需分发应在入场前完成登记分发);会议场所布置;会议服务人员安排;会议签到;会后事项安排;会议需要留存的资料应提前通知相关部门做好拍照、摄像工作。

(三) 会议召开及传达

(1) 养老机构召开会议的目的是解决问题,提高效率,因此会议应明确主题,不开无效会议。

(2) 参会人员在会前须明确会议主题,以便准备本次会议的相关文件材料。

(3) 与会者的发言要言简意赅,发言时间不可过长,会议组织者或主持人在开会前应该统计好每位发言人的发言时间,并且在会中做好有效控制。待达到规定时间后,无特殊情况不予延长。会议主持人每次开会应该强调控制发言的时间。

(4) 重要会议决议或记录未正式公布之前,与会者不得以任何形式向任何人提前透露会议内容。

(5) 与会人员必须用正式的会议记录本做系统且详细的会议记录,以便会后向部门员工准确传达会议精神,落实各项工作任务,行政管理部有权不定期抽查与会人员的会议记录。

(6) 行政部专人负责整理养老机构会议的会议纪要,由养老机构领导负责审阅签发。会议纪要应分发给与会人员,必要时也可分发给相关部门。其他会议由召集部门专人负责记录整理,由主管领导负责审阅签发并编号存档。

(7) 会议结束后由行政部或其他会议组织部门负责问题的整合汇总和分类,并且把会议中对各部门工作的要求进行汇总、分类、下发。行政管理部专人负责督办、检查和追踪会议决定的事项,在规定的时间节点前逐项跟进,并且在下一次例会前向养老机构领导如实汇报各部门的完成情况。

(四) 会议纪律

(1) 要严格遵守会议的开始时间,至少提前 3 分钟到达会议现场。不得以任何理由缺席、迟到、早退,会议记录人员负责登记到会情况。员工如需请假,应经会议召集人或者机构领导批准。

(2) 管理级别以上人员共同参加的会议为中层会议,中层会议应至少提前 1 天通知参会者。

(3) 决策层人员共同参加的为高层会议,高层会议的召开应至少提前 1 天通知,参会人员无特殊情况必须到场。

(4) 所有参会人员在开会期间必须将手机等通信设备设置为静音或震动状态。会议期间,与会人员不得做与会议无关的事情。

(5) 会议需要表决时,原则上采取少数服从多数的决议方法,特殊情况可集中处理。一经会议决议之事,则需按期完成。对需要在会议上讨论的问题,需提前与会议发起人沟通,以便及时通知所有参会人,参会人员在提出问题的时候应该同时提交对该问题的解决方案。

第二节 固定资产管理

一、固定资产的标准

固定资产是指使用期限超过 1 年的房屋、建筑物、机器、机械、运输工具,以及其他与生产经营有关的设备、器具等。不属于生产经营主要设备的物品，单位价值在2 000元以上，并且使用期限超过2年的，也应作为固定资产进行管理；凡相同种类、规格的设备或器具使用年限在1年以上的，虽单位价值不足2 000元的，但因数量较多、总体价值较大又需集中管理的物品，也应列为固定资产处理。

二、固定资产的分类

表5.1　固定资产分类表

序号	固定资产类别	折旧计提年限/年	净残值率/%
1	房屋及建筑物	20	10
2	机器设备	10	10
3	运输工具	10	10
4	计算机设备	5	10
5	办公家具及设备	5	10

三、固定资产的管理部门

(1) 根据内部控制制度，养老机构的固定资产由设备部对生产设备及相关设备进行管理。

(2) 养老机构的计算机设备由技术部门进行管理；办公用具及运输工具由行政部门进行管理。

(3) 各具体管理部门应主要做到以下三点：设置固定资产实物的台账，建立固定资产卡片；对固定资产设置统一分类编号；固定资产的使用应落实到使用人(机器设备落实到组)。

四、固定资产核算部门

(1) 财务部为养老机构固定资产的唯一核算部门。

（2）财务部统一设置固定资产总账及明细分类账。

（3）财务部需对养老机构固定资产的增减变动及时进行账务处理。

（4）固定资产管理部门会同财务部至少每季度对固定资产进行一次盘点，做到账实相符，保持账、物、卡一致。

五、固定资产的购置

（1）各部门如需购置固定资产，需填写《资本性支出申请单》（见附件），并且交由部门主管、财务部及院长批准。

（2）批准通过后，由采购部门安排专人负责采购，填写《固定资产采购申请表》，再上报，经部门主管、财务部及院长批准。此表中应详细填写固定资产的名称、规格、型号及至少3家供货厂商的报价以备合理采购。

（3）固定资产接收后，由固定资产管理部门安排专项人员负责验收，并填写《固定资产验收清单》（一式三份），在验收清单中需详细填写固定资产名称、规格型号、金额、供货厂商，并且同时对固定资产进行编号。一份由使用部门留存，一份交财务部进行相应的账务处理，一份交资产管理部门填写固定资产卡片，以及时更新台账，实时落实使用责任人。

六、固定资产的转移

（1）固定资产如在养老机构内部员工之间转移和调拨，则需填写《固定资产转移申请单》一式四联（见附件），送移入部门签字，确认后交固定资产管理部门，第一联由管理部门留存，更新固定资产卡片，第二联送交会计部门，第三联送交移入部门，第四联送交移出部门。使用固定资产的员工需将《固定资产转移单》交固定资产管理部门办理转移登记。

(2) 固定资产管理部门要将固定资产转移登记情况书面通知财务部,以便进行账务处理。

(3) 注意转移的固定资产编号保持不变,相关部门需实时更新登记新的使用部门和新的使用人,以便监督管理。

七、固定资产的出售

固定资产使用部门需将长期闲置的固定资产以书面的形式告知管理部门,填写《闲置固定资产明细表》(见附件),管理部门拟出相关处理意见后,再按以下步骤执行。

(1) 养老机构固定资产如需出售,需由固定资产管理部门提出申请,并且规范填写《固定资产出售申请表》(见附件)。

(2) 固定资产使用人列出准备出售的固定资产明细,注明出售的原因、出售金额,按照流程依次上报部门主管、生产部门主管、财务部和院长审批。

(3) 员工的固定资产出售申请批准后,该固定资产由固定资产管理部门对其进行处置,并且在固定资产卡片上标记出售日期,台账做固定资产减少登记。

(4) 财务部需根据已经批准的出售申请表,开具发票及收款凭证,并且对固定资产进行相应的账务处理。

八、固定资产报废

(1) 当固定资产损坏十分严重且没有任何维修价值时,由固定资产使用部门提出报废申请,填写《固定资产报废申请表》(见附件),依照养老机构流程,交由固定资产管理部门报财务主管和院长审批。

(2) 经批准后,报废固定资产交由固定资产管理部门进行处理。处理后对台账及固定资产卡片进行实时更新,并且将处理结果书面通知财务部。

(3) 财务部依据院长批准的《固定资产报废申请表》和实物处理结果,进行账务处理。

九、固定资产编号

编号原则：按大类、所在部门的成本中心号、顺序号、取得年月进行编制。

房屋及建筑物	代码为 01
机器设备	代码为 02
运输工具	代码为 03
计算机设备	代码为 04
办公家具	代码为 05

例如,财务部 2006 年 7 月购置一台计算机,则编号为：

JINTAK	04	7536	007	200607
资产大类	代码	成本中心	顺序号	购置年月

十、固定资产的清查

养老机构建立固定资产清查制度,清查分为年中清查和年末清查,由财务部门和管理部门共同执行落地。固定资产的清查应填制《固定资产盘点明细表》(见附件),清查人需详细与机构反馈所盘点的固定资产的实有数,并且与固定资产账面数核对,做到账务、实物和固定资产卡片完全一致。若出现异样(盘盈或盘亏),须编报《固定资产盘盈盘亏报告表》,清晰地列出原因和责任,报部门主管、生产部门主管、财务部和总主管批准后,财务部进行相应的账务调整。管理部门需及时对台账和固定资产卡片内容进行更新。

第三节 印章管理

印章是养老机构经营管理活动中行使职权的重要凭证和工具。用印者需明确养老机构的各种权利与义务关系，印章的管理应做到分散管理、相互制约，为明确管理人员与使用人员的责权，特制定养老机构印章的使用与管理条例。机构印章包括公章、法人私章、合同章、财务章及各职能部门章。

一、刻印

(1) 新养老机构成立时需刻制基本印章（基本印章包括公章、合同章、法人私章、财务章），应由养老机构指定的印章管理人员负责刻制，并且在第一时间交由综合管理部备案，从刻制之日起执行相关使用条例。

(2) 养老机构如因业务发展需要申请各职能部门专用章，由需求部门填写《印章制发申请表》，经院长核准后送交行政部刻制，部门章一般为椭圆章。

二、印章的使用

(1) 任何部门的印章在启用前，均需到行政部办理领取手续，并且接受责权告知，签订《印章签收手续》并备案。

(2) 公章由行政部主管或指定专人保管。各部门如需盖公章的文件、通知等，应到行政部领取并填写《印章使用申请表》，由行政主管核准，并且在《印章使用申请表》中签字，涉及人事调动盖章的，还需院长同意。

(3) 合同章。合同章由行政部保管。主要用于养老机构签订各类对外合同的盖章，盖章前须先到行政部领取并填写《印章使用申请表》，由副院长审批并在《印章使用申请表》中签字，院长同意后方可盖章。

(4) 法人私章。法人私章由养老机构出纳保管，主要用于银行汇票、现金支票等业务，使用时凭审批的支付申请或取汇款凭证方可盖章。

(5) 财务章。由财务部主管保管，主要用于银行汇票、现金支票等需要加盖银行预留印鉴等业务或发票。

(6) 其他职能部门章。主要供各部门内部使用，已经刻制的职能部门章，由部门负责人进行保管并严格该章的使用管理办法。

(7) 各类印章的使用登记簿要由养老机构指定专人严格保存管理，不得损毁或遗失。

三、印章的废止、更换

(1) 废止或缴销的印章应由保管人员详细填写《废止申请单》，交由院长核准后，再交由综合管理部统一废止或缴销。

(2) 若印章遗失应由印章保管人员规范填写《废止申请单》，由院长核准并签批遗失处理办法后，及时交由行政部按批示意见处理，如遇养老机构基本印章遗失必须按规定登报申明。

(3) 如需更换印章应由印章保管人员根据养老机构规定规范填写《废止申请单》，经院长核准后，再交由行政部按批示意见处理，并且填写《印章制发申请表》申请新的印章。

四、印章保管人的责权

养老机构主要印章的管理采用的是分散管理、相互监督的办法。行政部主要职责是对印章进行合理的管理，而印章保管人具有使用、监督、保管等多重责任与权力。具体如下：

(1) 职能部门印章保管人对印章具有独立使用的权力，同时负有全部使用责任。

(2) 公章、财务章的保管人无独立使用权，只具有监督及允许使用权。因此公章、财务章的保管人只对印章的使用结果负主要责任，经手人需负部分责任；未经审批同意擅自使用的，印章保管人须对使用结果负全部责任并严格按养老机构的有关规定进行处分。

(3) 法人私章的保管者是出纳，出纳既是保管者又是使用者，但其无独立使用权，依据财务部负责人审批的支付申请或取汇款凭证方可使用，违规使用则负全部责任。

五、印章使用说明

(1) 严禁将公章、合同章、法人私章独立带离养老机构使用，保管人如遇需带公章、合同章外出办事时，需与办事人一同前往或指派代表一同前往。

(2) 养老机构领导因异地执行重大项目或完成重要业务，需携带养老机构印章出差的，应经院长审批并及时归还印章。

(3) 员工开具个人相关证明的，需由分管领导以上人员担保签批后方能使用，如涉及个人经济担保与证明时，原则上一律不予证明，其不良结果由签批人与保管人依情节共同承担责任。

(4) 养老机构印章只适用于与养老机构相关的业务，不得从事有损养老机构利益的行为。

(5) 所有印章的使用，必须严格执行养老机构的印章使用规定，做好申请和使用登记。使用印章者违规使用出现问题的，后果自负，给养老机构造成损失的，养老机构将依法追究其法律责任。

第四节　档 案 管 理

一、管理目的

为了规范养老机构档案的管理工作，保证档案的完整性及保密性，理顺工作程序，明确工作职责，杜绝资料流失。

二、档案管理机构及其职责

（1）养老机构档案工作实行二级管理。一级管理是指养老机构行政部的统筹管理；二级管理是指各部门的档案资料的管理工作。

（2）养老机构所有档案资料由行政部档案管理员负责统一的收集管理，本部门档案资料由各部门的档案管理员负责使用管理。

（3）档案管理人员须严格执行养老机构档案管理的规定，认真细致地做好档案保管及利用工作，充分发挥档案资料的作用。

（4）综合管理部档案管理员有责任和义务对二级档案管理工作进行监督和指导，每年必须对二级档案管理进行一次检查和验收。

三、归档管理

（1）凡是反映养老机构生产经营、战略发展、工程建设、机构管理等活动，具有考查、借鉴和利用价值的文件资料，均属于归档范围。

（2）凡属归档范围的文件资料，均由养老机构集中统一管理，任何个人不得以任何理由擅自留存。

（3）归档的文件资料，原则上必须是原件，若有原件用于报批不能归档或被相关部门保留的，其复印件由行政部保存。

（4）凡在养老机构业务活动中收到的文件、函件承办后均要及时归档；凡是以养老机构名义发出的文件、函件都要留底稿及正文以备检查。

（5）养老机构业务活动中凡涉及金融财税方面的资料，均由财务部保存原件；属于人事方面的资料，由人事部保存原件。以上部门应将涉外事务的复印件报行政部备案。

（6）由养老机构对外签订的经济合同，应保留三份原件，行政部保存一份，财务部及合同执行（或签订）部门各保存一份。若特殊情况只有一份原件，则由行政部保存原件。

（7）在归档范围内的其他资料，由经办人整理后连同有关资料移交综合管理部档案室。部门需要使用的可复印，归档范围外的资料由各部门自行保管。

四、档案保管

（1）养老机构综合管理部应设存放档案的专门库房，各部门根据保存档案数量，设置存放档案的箱柜，要求具备防火、防潮、防虫等安全条件。

（2）归档资料要进行登记，并且编制归档目录。

（3）档案管理员要科学地编制分类法，根据分类法，编制分类目录；根据需要编制专题目录，完善检索工具，以便查找。

（4）档案要分类、分卷装订成册，保管要有条理，主次分明，存放科学。

（5）库存档案必须图物、账物相符。

（6）档案管理人员要熟悉所管理的档案资料，了解使用者的需求，掌握利用规律。

（7）档案管理人员应根据有关规定并结合养老机构的实际情况，确定档案保存期限，每年年底据此进行整理、剔除。

(8) 经确定需销毁的档案,由档案管理员编造销毁清册,再经养老机构领导及有关人员会审批准后统一销毁。档案管理员永久保存销毁的档案清单。

(9) 档案管理员应严格遵守档案安全保密制度,做好档案流失的防护工作。

(10) 凡养老机构工作人员调离岗位前,必须做好档案资料移交工作,方可办理调动手续。

五、档案借阅

(1) 档案属于养老机构的机密,未经许可不得以任何理由外借、外传。外单位人员未经养老机构领导批准不得借阅。

(2) 如需借阅档案资料,则必须经过档案保管部门负责人的批准。借阅人阅档必须在办公室指定的地方,不得将档案携带外出;需要借出档案的,须经档案保管部门负责人批准后,方可借出。

(3) 借阅档案,必须履行登记、签收手续。

(4) 借出档案材料的时间最长不得超过 1 周,必要时可以续借;如过期则由档案管理员催还;需要长期借出的,必须经分管领导批准,否则档案管理员有权拒绝长期借出。

(5) 档案管理员借出档案时,应在借出的档案位置上放置替卡,标明卷号、借阅单位或借阅人、借阅时间,以便查阅和催还。

(6) 借阅档案资料者必须妥善保管档案资料,不得随意转借、复印、损污文件、不得拆封,归还时应保证档案材料完整无损。否则,将追究当事人的法律责任。

(7) 凡借出的档案材料,如因保管不慎丢失,要第一时间追查,并且报告主管部门及时处理。

(8) 养老机构重要档案和机密档案不得借阅;必须借阅的要经分管

领导同意；必须外借的，由院长审批。

六、保密管理

（1）养老机构应做好文件登记和保密制度。后勤管理中心对员工、入住老人及来访人员的相关隐秘资料要严格做好资料存放、保密工作，严禁外泄，以保护个人隐私。

（2）养老机构应制定和落实秘密文件、资料、档案的借用管理制度。需借用或查阅秘密文件、资料、档案的，应提交相关文件证明和申请，经主管领导批准，按照相关借用手续进行登记。

（3）养老机构如发现材料遗失、人员信息外泄等现象，要及时向上级领导汇报，认真处理，并且进行全面检查；如发现内部员工出现泄密行为，视情节严重程度，依法律规定进行相应处理。

七、其他

二级档案应根据资料的性质和部门需要，每3年移交1次，必须保留的尽量保留复印件，其余资料交综合管理部统一保存。

第五节　环境卫生管理

一、管理目的

（1）维护养老机构形象，为员工及入住老人提供良好的工作环境，保障养老机构内人员的身体健康。

（2）养老机构的卫生事宜，全体员工须严格遵照制度执行。

（3）凡新进员工，必须全面了解清洁卫生的重要性与必要的卫生知识，由综合行政办公室负责宣传与讲解。

二、办公室环境卫生

（1）办公室是员工进行日常工作的区域，办公区内应时刻保持安静，办公区域内不得堆放杂物。

（2）员工办公桌上的办公文件和办公用具在未使用时必须放置整齐。

（3）由使用人负责日常办公区内办公桌椅的清洁卫生和管理工作，由办公室卫生值日人员负责其他公共区域的清洁工作。

（4）原则上养老机构的办公桌椅需每天清洁，地毯和墙面至少每周清洁一次。

（5）养老机构的卫生值日工作每周轮值一次，各办公室安排好卫生值日名单后报综合行政办公室备案，综合行政办公室负责检查和监督卫生工作。

三、员工宿舍环境卫生

（1）员工宿舍是养老机构提供给员工生活和休息的场所。凡住宿人员都有保持宿舍内部环境干净整洁的责任和义务。

（2）员工宿舍卫生的保持情况，间接体现了住宿人员的素质及对自我的要求。

（3）员工宿舍要求保持地面及桌面干净清洁，屋内物品放置整齐。

（4）员工宿舍内应经常通风，以保证空气的清新，防止出现异味。

四、其他

综合办公室负责组织相关人员，定期对办公区域及员工宿舍的卫生和安全进行检查，并且在养老机构范围内公布检查结果，检查结果作为部门或个人绩效考核的重要参考因素之一。

第六节 接 待 管 理

一、接待事务分类

养老机构的接待一般可分为贵宾接待、业务接待和普通接待三类。

(1) 贵宾接待：养老机构的重要来访者、老人、家属等的接待，养老机构重要客户、外宾及参观团或地方政府部门等的接待。

(2) 业务接待：有入住意向或参观养老机构的老人及家属的接待。

(3) 普通接待：一般来访者的接待。

二、接待场所管理

(1) 养老机构共设三个接待处所：小型会客厅可以用于贵宾接待，会议商务室可以用于业务接待，前厅前台区域可以用于普通接待。

(2) 其他场所除院长办公室外，一律不得用作接待场所，会客必须在指定场所进行。

三、接待职责分工

(1) 接待工作是养老机构的窗口式工作，对塑造养老机构的良好形象，具有十分重要的意义。各相关部门及人员必须高度重视且规范操作。

(2) 接待内容包括：迎客引入、询问让座、接待洽谈、参观介绍及招待服务等。分工如下：

① 接待中心：提供接待良好环境的保障及备用品的准备工作和环境清洁工作。

② 警卫值班：提供安全保障及来访者导入。

③ 总台文员：提供信息沟通保障、调度控制和来访者记录，安排来访

者食宿。

④ 经办部门：负责接待洽谈并陪同。

⑤ 行政助理：管理贵宾室、商务室，负责招待服务、陪同洽谈及参观介绍。

(3) 办公室主任需对接待工作全面责任。

四、接待规则

(一) 接待一般程序

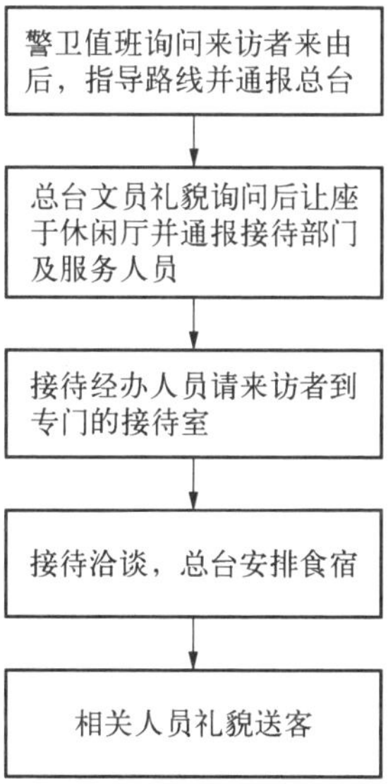

图 5.1　接待程序图

(二) 接待礼仪要点

(1) 接待人员必须严格遵守养老机构的相关规定，不准有任何不适宜行为发生。

(2) 总台文员在接待的过程中，必须密切注视接待动态，做好控制、指挥工作，保证接待工作规范进行。

(3) 接待过程中如有来访者提出办理限制事宜，接待人员须婉言解释。

（三）接待用品准备

（1）通用备用品：水、杂志、便笺及铅笔等。

（2）特殊备用品：咖啡、冷饮（夏季）、茶水、水果等。

（3）备用品采购：依物资管理制度办理采购。

（四）环境标准

（1）物品摆放整齐，表面无灰尘。

（2）地面干净无脏物，空气流通清新。

（3）室温适度，灯光合适。

（4）接待用品齐全。

（五）参观规定

（1）来访者决定参观须请示办公室主任批准。

（2）来访者的参观介绍以秘书为主，接待部门配合。

（3）未经总值班批准，来访者不准入室参观和对生产场所拍照。

（4）进行参观时，原则上介绍者在先、接待经办在后。

（5）来访者参观所到之处，作业人员需集中精力做事，不得东张西望，更不许与来访人员交谈，如有必要可礼貌示意。

第七节　行政物品管理

为加强对养老机构物资的有效管理，保证仓库物品能够有效使用，节约养老机构经济成本，养老机构需要加强对物品的管理。养老机构物品管理包括对行政办公物品的采购、验收、入库、管理及领用。

一、行政物品的采购

（1）物资采购由办公室统一负责。

(2) 办公室根据各部门实际需要按照勤俭节约的原则进行采购。各部门需要采购物资时，向办公室提出申请，由采购人员填写《采购计划表》，办公室主任批准后报院长审批。

(3) 采购的物资必须先填写《物品验收单》验收入库，后由领用部门填写《物品领用单》领用。

(4) 对不合格的采购物资或采购手续不完备的，财务部门应拒绝报销。

(5) 采购物品到货后应立即进行验收，符合规定的要求后方可登记入库；对提供服务的供方在其完成服务后必须在现场按双方约定的服务要求、质量标准和评定方法进行验证，合格后予以确认，以确保采购的产品达到约定的采购要求。

(6) 采购物品如需供方在场进行验收，双方必须在相应的采购文件中规定验证的安排和通过验证后的采购物品其放行办法。

二、行政物品的验收与入库

(1) 凡养老机构采购的物品，必须经行政库房办理验收入库手续，方可登记领用。

(2) 库房验收时，对办公用品的种类、数量、质量、规格等应认真检查，做到发票与实物相符，否则不予入库。

(3) 各部门未办请购、审批手续而擅自采购的物品，一律不得验收入库。

(4) 验收新购物品不得与私人物品调换或以领物单作验收和入库。

三、行政物品的管理

(1) 凡养老机构所需的各种办公物资(除药品、食堂用品外)，均由行政部门统一负责采购、调入、供应、管理。各部门要尽可能修旧利废，做到物尽其用，节约成本。

(2) 行政部门负责管理的物资，应建立健全账目，定期或不定期清点实物，核对账目；要求账物相符、账账相符，按先进后出原则合理使用；有关人员要经常了解各部门的物资使用需求，指导、协助有关人员管好、用好物资。

(3) 养老机构各部门所需的物资，应按月、季、年编制计划报送行政部门，经院领导审批后列入财务计划进行购买；临时需要的物资，应由需要的部门提出书面申请，经院领导审批后，方可采购供应；对采购的物资必须进行验收，验收合格方能入库或使用。

(4) 养老机构各种物品、被服的报废，要办理报废手续。行政部门对报废物资要妥善处理。对重大财产物资的报损、报废，以及财产物资变价、转让或调拨，须根据具体情况，由行政部门审核，经院领导批准后，方可处理。

(5) 各部门应指定专人负责物品的请领、保管及使用。

四、行政物品的领用

(一) 行政物品领用规定

(1) 到库房领取各种物资一律凭物资供应部门签发的《物品领用单》。无《物品领用单》，一律不受理。

(2) 器具、器皿类物品按标准配备后，一般不能增加；因损坏而减少的，需经行政部门负责人批准，方可补发。

(3) 每周的一、三、五为领物时间(特殊情况例外)。

(4) 库房应坚持物资下送制度。

(5) 部门领用的物品质量、规格不合格者，可在当天内到库房退换。

（二）行政物品领用程序

填制《物品领用单》→审批人审批→持审批后的《物品领用单》至仓库领货。

（三）行政物品领用审批权

物资类别	部门	部门审批人	财务部		院长审批
办公用品	行政部	行政主管			

（四）《物品领用单》的填写

（1）字迹不得潦草，须清楚地写出物品名称、规格、数量及单位。

（2）数量以大写数字填写。

（3）所有《物品领用单》不得随意涂改，若有涂改须由部门主管在涂改处签名确认，否则该单据或该项目无效。

五、行政物品出仓

（1）行政仓库管理员发货必须凭审批后的《物品领用单》，并且要检查《物品领用单》是否完整清楚，审批是否有效。

（2）检查无误后，仓库按“先进先出”的原则发放存货，并在领用单上写明实发数量。

（3）领货人点清数量及品种无误，领发双方在领用单上签名确认，并填上领用日期。

（4）签妥后，领用单一式三份，仓库保留一份，成本控制保留一份，另一份连同物品交给领货人。

（5）所有货物的发出必须由行政仓管员执行，严禁部门员工自行取货；验收无误后，发领双方在《物品领用单》上签字确认；物品离开仓库后发生的短缺，由使用部门自负，仓库不承担任何责任。

(6) 发货后,《物品领用单》集中交给成本控制组复核。

六、正常用途规定

各部门领用行政办公用品,如非该物品的正常用途,必须在《物品领用单》上说明情况。此外,《物品领用单》须由院长批准方可领用物品,院长休假期间由财务主任批准。员工有急用或特殊情况需领用物品,可先发物品,后补手续。

第六章

安 全 守 则

安全工作是养老机构正常运营的重要保障，也是为入住老人和机构内员工提供良好生活和工作环境的重要条件。做好养老机构的安全工作，不仅是安全管理人员的工作职责和工作内容，也是全机构员工共同的工作要求。只有全机构员工共同遵守安全管理规定、落实安全工作内容，才能为机构提供一个安全的场所，才能有效保障机构内人、财、物的安全。

这部分内容可参照养老机构安全照护部分的内容进行编撰，并且在机构相应部位进行安全标识的配置。

本章是常见的养老机构安全守则说明。

第一节 安全行为准则

(1) 养老机构内员工必须认真贯彻执行“安全第一，预防为主，综合治理”的安全方针，加强安全意识，严格遵守所在岗位的安全操作规程和各项安全管理规章制度。

(2) 特殊岗位的新进员工必须接受相关的培训与考核，考核合格后方可上岗。

(3) 员工在岗期间不准喝酒、赌博、吸毒，不准打架斗殴，不得在禁烟区吸烟。

(4) 员工在上班期间严禁打闹、追跑、打盹。

(5) 员工不准私自携带汽油或其他危险物品进入机构。

(6) 员工不准操作和触动自己不熟悉的机械设备；未经领导同意不准私自调换岗位和代替别人操作。

(7) 员工要爱护和正确使用安全装置及机构内设施设备，不准拆除和破坏；如发现损坏，应立即报告修理。

(8) 员工若发现机械设备有异响或闻到有烟火味，应立即报告机构领导或通知有关人员进行检查、抢修。

(9) 变电室、配电室、消防泵房、发电机房、锅炉房等重要场所，非岗位人员未经批准，不得入内。

(10) 一切电气设备的拆装、检查、修理都必须由电工、维修工进行。

(11) 养老机构内的设备检查、维修要按照安全规范进行；检查修理机械、电气设备时，必须挂停电警示标牌，设人监护；停电牌谁挂谁取，非工作人员严禁合闸；开关合闸前要细心检查，确认无人检修时方可合闸。

(12) 机构内人员不准在电线上拉铁丝、绳子等来烘烤和晾晒衣物，不准在开关箱内放任何物件。

(13) 员工不准在走廊和公共场所的地面上吐痰、泼水、泼菜汤和乱丢瓜果皮核；油脂洒在地面上要及时擦干净，以防老人及其他人员滑倒。

(14) 员工末班下班前应及时切断电源、气源，熄灭火种，做好安全防火工作。

(15) 机构内各种消防器材应按消防规范设置齐全，员工不准随便动用，安放地点周围不得堆放其他物品。

(16) 易燃、易爆、腐蚀等物品必须分类妥善存放，并应设专人严格管理，员工不得私自动用。

(17) 员工不准随意拆除或非法占用各种安全防护装置、照明、信号、监测仪表、警示标志、防雷装置等。

(18) 员工应严格执行交接班制度，做到交清接明。

(19) 机构内发生安全事故或其他恶性未遂事故时，要及时抢救，保护现场，立即报告上级领导和安保部门。

(20) 机构内车辆进出时，要严格遵守交通法规，注意安全信号灯、来往车辆和路人。

第二节　安全事故的防范

一、接受安全教育

(1) 养老机构全体员工每年至少参加 2 次机构内组织的安全教育活动，学习安全操作规程和安全常识。

(2) 员工应定期参加消防演习、突发事件的疏散工作，学习应急逃生方式，同时学习掌握老人应急逃生的正确方式。

（3）新员工上岗前必须接受安全知识培训，包括防火、防盗、防破坏、防治安、防灾害、防事故等相关内容，并且进行笔试考核和实战操作考核，考核合格方可上岗。

二、树立安全责任

（1）因员工个人的过失造成人、财、物损失时，要依法追究个人责任。

（2）养老机构员工要不断提高个人的思想素质、职业道德、业务素质，强化安全责任感；坚决维护机构的安全，贯彻落实“八无”，即无政治事故、无交通事故、无火灾事故、无盗窃事故、无医疗事故、无责任事故、无违法乱纪、无食物中毒事故。

（3）相关安全管理岗位的员工，必须定期进行安全检查，或不定期进行安全抽查，严格按照安全标准展开检查工作，及时发现存在的安全隐患。同时，针对暂时难以解决的不安全因素，采取临时安全防范措施，做到杜绝安全问题，从源头上保障安全工作。

三、做好岗位安全工作

（1）养老机构全体员工须严格执行机构的安全管理制度和安全工作计划，严格落实安全管理工作的内容与要求，接受岗位安全工作的检查与考核。

（2）员工要做到岗位自查，明确所属岗位的安全职责，做到“定岗定责”“岗位安全，我有责”，及时发现安全隐患，并且能迅速联系有关部门采取安全处理措施，以确保机构的安全。

（3）员工要熟练掌握机构内各项突发安全事件的应急处理方式，协助、配合机构主管和公安机关做好机构的安全保卫工作。

第三节　突发事件的应急处理

（1）应急处置责任人由养老机构的安全责任人担任，院长作为安全管理的第一责任人。

（2）养老机构内员工应对全机构的安全工作负有责任，负责组织、协调与配合上级做好应急处置工作。

（3）当发生自然灾害、意外事故等突发事件时，养老机构员工应坚守各自的工作岗位和职责，并且配合上级领导做好应急预案，积极协助其做好应急处理工作。

（4）养老机构内发生突发事件后，现场人员应及时报告给安全责任人，安全责任人应逐级向上进行工作汇报并及时采取措施。

第四节　安 全 报 告

当员工发生如下意外或可能引发意外的过失行为，安全管理人员应按要求及时进行逐级汇报。

（1）发现设施、员工服务过程中或者老人存在安全隐患的，工作人员应及时向安全管理人员报告，安全管理人员应及时采取措施，消除安全隐患，并且向上级领导汇报。

（2）发生安全事故后，工作人员应及时向安全管理人员报告，并且进行详细事故记录；安全管理人员应及时向后勤主任报告；后勤主任应按照有关规定及时向院长报告。

（3）当发生重大疫情时，安全管理人员应及时向机构属地的疾病预防控制中心报告。

附　　件

一、员工信息登记表

填表说明：

① 填写时尽量全面、完整。若此栏为空，请填“无”。

② 有具体选项的栏目请在符合的选项后打“√”，所有涉及时间的格式为：“20××—××—××”。

③ 涂灰部分由单位人力资源部填写。

④ 请严格按照样表格式填写，将个人经历及业绩获奖情况填写全面。如填写中有疑问，请与人力资源部沟通。

（1）员工基本信息表

姓名		政治面貌	
身份证号		入党时间	
性别		移动电话	

续 表

出生日期		电子邮箱	
员工类别（由人力资源负责人填写）	正式员工（ ）实习员工（ ） 试用员工（ ）合同员工（ ） 退休返聘（ ）待岗员工（ ）	户籍地址	
加入本机构日期		人事档案所在地及单位	
参加工作时间		血型	
民族		籍贯	
合同起止日期		合同签订单位	
紧急联系人		电话	

（2）学历及学位信息[根据时间顺序，从大（中）专以上学历/学位开始分列填写]

学历	大（中）专	本　科	硕士研究生	博士研究生
学位				
入学时间				
毕业时间				
所学专业				
毕业学校				
毕业证书编号				

续　表

学制(年)				
学习形式				
学位授予单位				
学位证书编号				
学位授予时间				

(3) 职业(执业)资格证书

资格证书名称			
批准日期			
签发日期			
签发单位			
专业类别			
资格证书编号			
注册单位			
注册日期			
注册证书编号			

(4) 职称证(自助理级别开始填写)

资格名称	专业名称	评定时间	评定单位	证书编号

（5）员工简历

起始时间		终止时间	
所在单位			
证明人			
证明人固定电话			
单位内部工作经历			
离职原因			
担任的社会职务			
获奖情况			
参与的重要项目及时间	起讫日期		
	项目名称		
	担任角色		
参与的重要项目及时间	起讫日期		
	项目名称		
	担任角色		
参与的重要项目及时间	起讫日期		
	项目名称		
	担任角色		

（6）家庭成员关系

姓名	与本人关系	政治面貌	出生日期	工作单位及职务	联系电话	学历

二、试用期员工转正申请表

试用期员工转正申请表

填写日期：　　年　　月　　日

<table>
<tr><td>姓　名</td><td></td><td>性　别</td><td></td><td>专　业</td><td></td></tr>
<tr><td>籍　贯</td><td></td><td>出生年月</td><td></td><td>部　门</td><td></td></tr>
<tr><td>入机构时间</td><td colspan="2"></td><td>职　位</td><td colspan="2"></td></tr>
<tr><td>自我鉴定</td><td colspan="5">签字：
日期：</td></tr>
<tr><td colspan="6">工作表现情况评定(部门评定,各项总分为 10 分)</td></tr>
</table>

<table>
<tr><td>考评内容</td><td>评 估 要 点</td><td>评估得分</td></tr>
<tr><td rowspan="2">工作业绩</td><td>及时、保质保量地完成工作</td><td></td></tr>
<tr><td>高效地开展工作并使用恰当的工作方法</td><td></td></tr>
</table>

续 表

<table>
<tr><td rowspan="3">工作能力</td><td>专业技能</td><td>具备并掌握工作所要求的基础理论和专业技能</td><td></td></tr>
<tr><td>学习能力</td><td>积极主动学习，提高自身的知识水平和技能</td><td></td></tr>
<tr><td>人际交往</td><td>与人和睦相处，善于口头和书面沟通</td><td></td></tr>
<tr><td rowspan="4">工作态度</td><td>积极性</td><td>热爱本职工作，高标准做好职务范围内的工作</td><td></td></tr>
<tr><td>纪律性</td><td>遵守机构的各项规章制度，服从工作安排</td><td></td></tr>
<tr><td>服务意识</td><td>对客户服务周到、热情</td><td></td></tr>
<tr><td>责任感</td><td>自觉把握在组织中的角色，对自己的行为负责</td><td></td></tr>
<tr><td colspan="4">部门主管评价：

签字：
日期：</td></tr>
<tr><td colspan="4">人事部鉴定：

签字：
日期：</td></tr>
<tr><td colspan="4">院长总评：

签字：
日期：</td></tr>
</table>

三、培训记录表

培训记录表

<table>
<tr><td>日期：</td><td rowspan="2" colspan="4">培训课题：</td><td>培训教师：</td></tr>
<tr><td>地点：</td><td>培训方式：</td></tr>
<tr><td colspan="6">参加培训人员的名单（共　　人）</td></tr>
<tr><td>姓名</td><td>签到</td><td>姓名</td><td>签到</td><td>姓名</td><td>签到</td></tr>
<tr><td></td><td></td><td></td><td></td><td></td><td></td></tr>
<tr><td></td><td></td><td></td><td></td><td></td><td></td></tr>
<tr><td></td><td></td><td></td><td></td><td></td><td></td></tr>
<tr><td></td><td></td><td></td><td></td><td></td><td></td></tr>
<tr><td></td><td></td><td></td><td></td><td></td><td></td></tr>
<tr><td></td><td></td><td></td><td></td><td></td><td></td></tr>
<tr><td colspan="6">培训内容摘要：</td></tr>
<tr><td colspan="6">实施效果评定（如考核方式、是否完成目标、考核成绩等）：</td></tr>
<tr><td colspan="6">考核合格率：</td></tr>
<tr><td colspan="6">备注：</td></tr>
</table>

填表人：　　　　　　　　　　　　日期：

四、员工绩效考核类系列表格

员工绩效考核表

姓名： 部门： 职位： 本次考核日期： 上次考核日期：	填表说明： 1. 本表第一部分由员工填写，其余部分由该员工主管填报 2. 请填报人用钢笔或水笔清楚填写表中各项内容 3. 填报人应客观、公正地评价员工的工作表现 4. 本表将作为员工聘用合同续订、职位变更、提薪及其他人事变动的主要参考资料，本表完成后交由人力资源部统一归档 5. 填表人对表中的项目如有疑问，请向人力资源部咨询 6. 考评分五个等级 S——总是超过工作目标及期望并有突出贡献 A——经常超过工作目标及期望 B——达到工作目标及期望，偶尔能超过目标及期望 C——基本达到工作目标及期望，偶尔不能达到目标及期望 D——经常不能达到工作目标及期望

员工自我评价表

部门		职位		姓名	
进入养老机构的时间：____ 年 ____ 月 ____ 日				填表日期	
目前工作	1. 你对过去一年在机构的表现感到： □很满意 □一般 □不满意 2. 你对与同事及上司间的关系感到： □很满意 □满意 □一般 □不满意 3. 你对目前的工作感到： □还能承担更困难的工作 □正适合本身能力 □能力稍感不足 □能力明显不足 4. 你对目前的工作量感到： □太大 □适中 □太少 5. 你对目前的工作环境感到： □很好 □好 □尚可 □差 6. 你对目前的工作时长感到： □太长 □稍长 □刚好 □较短 7. 你认为部门中工作分配是否合理？ □合理 □不合理 8. 在工作分配方面有什么地方亟待改进？ ________________________				

续 表

薪资职位	9. 你认为目前的待遇： □很好 □稍好 □合适 □太少 10. 你对目前所担任的职务期待： □继续担任现职 □如可能变更至 ________ 部门 □如可能希望能调动至同部门 ________ 职务 □对现在担任的工作职务感到不适合
教育培训	11. 这一年你是否参加过机构内部或内部举办的培训？ □曾参加 □未曾参加 12. 你曾参加过什么培训？________________ 13. 何种训练你较感兴趣或对你现在的职位有所帮助？
工作希望	14. 如有机会你希望从事何种工作？ 15. 你希望主管如何帮助你，使你未来工作更加得心应手？
工作构想	16. 在你承担的工作中，你有什么更好的构想？请具体说明： 17. 你对养老机构管理、制度、运营环境等的建议：
工作目标	18. 你今年的工作目标是什么？ 19. 现在这个目标完成程度如何？
其他	20. 请代为安排和 ____________ 面谈。 21. 本人的希望或建议：

员工月度绩效考核表

<table>
<tr><td>姓名</td><td></td><td>部门</td><td colspan="2"></td><td>职务</td><td></td></tr>
<tr><td rowspan="2">考勤状况</td><td colspan="6">迟到 ______ 次　早退 ______ 次　旷工 ______ 次</td></tr>
<tr><td colspan="6">病假 ______ 次　事假 ______ 次　其他 ______ 次</td></tr>
<tr><td rowspan="2">奖惩状况</td><td colspan="6">嘉奖 ______ 次　记功 ______ 次</td></tr>
<tr><td colspan="6">警告 ______ 次　记过 ______ 次　其他 ______ 次</td></tr>
<tr><td colspan="3">考 核 内 容</td><td colspan="3">等　级</td><td>总　评</td></tr>
<tr><td rowspan="3">工作绩效</td><td colspan="2">工作质量</td><td colspan="3"></td><td rowspan="6"></td></tr>
<tr><td colspan="2">工作效率</td><td colspan="3"></td></tr>
<tr><td colspan="2">工作分量</td><td colspan="3"></td></tr>
<tr><td rowspan="3">工作态度</td><td colspan="2">尊重领导,服从工作安排</td><td colspan="3"></td></tr>
<tr><td colspan="2">团结同事,注重横向协作</td><td colspan="3"></td></tr>
<tr><td colspan="2">遵守制度,个人品行涵养</td><td colspan="3"></td></tr>
<tr><td>部门主管签字</td><td></td><td>人事部签字</td><td colspan="2"></td><td>院长签字</td><td></td></tr>
<tr><td colspan="7">备注:</td></tr>
</table>

员工季度绩效考核表

考核时间：自____年____月____日至____年____月____日										
部门			职务					姓名		
评分项目			得分					初评人	复评人	说明事项
			5分	4分	3分	2分	1分			
成效考核	工作效率									
	工作质量									
	工作分量									
态度考核	服从性									
	协作性									
	纪律性									
	积极性									
	责任性									
	热情性									
能力考核	基本能力	专业知识								
		专业技能								
	工作能力	理解力								
		交际协调力								
		开发创造力								
		计划力								

续 表

<table>
<tr><td colspan="3">以上考核由单位人事换算成________分</td><td rowspan="4">建议
事项</td><td rowspan="4">一、调整薪资
晋(　　)级
降(　　)级
二、晋升　另附人事调动申请单
三、调职　另附人事调动申请单
调用不适合或辞退</td></tr>
<tr><td rowspan="2">加扣分</td><td>全勤____月____分
嘉奖____次____分</td><td>事假____日____分
病假____日____分
迟到____次____分
旷工____次____分
记过____次____分</td></tr>
<tr><td>累计加____分</td><td>累计扣____分</td></tr>
<tr><td colspan="3">考核结果：____分____等</td></tr>
<tr><td colspan="2">院长：</td><td>副院长：</td><td>部门主管：</td><td>人事主管：</td></tr>
<tr><td colspan="5">填表说明：
1. 初评人在考核每一项目后，只需在相应栏内打“√”。
2. 复评人对初评人员评分如认为有必要更改，应以红字在旁加注，以资识别。
3. 凡列优或劣者应于“说明事项”栏内补充说明原因。
4. 考核时应以员工在全部考核期限内的平均表现为依据。</td></tr>
</table>

员工年度绩效考核表

<table>
<tr><td colspan="13">考核时间：自____年____月____日至____年____月____日</td></tr>
<tr><td>部门</td><td colspan="2"></td><td colspan="2">职务</td><td colspan="3"></td><td colspan="2">姓名</td><td colspan="3"></td></tr>
<tr><td colspan="3" rowspan="2">评分项目</td><td colspan="5">得　分</td><td rowspan="2">初评人</td><td rowspan="2">复评人</td><td colspan="3" rowspan="2">说明事项</td></tr>
<tr><td>5分</td><td>4分</td><td>3分</td><td>2分</td><td>1分</td></tr>
<tr><td rowspan="3">成效考核</td><td colspan="2">工作效率</td><td></td><td></td><td></td><td></td><td></td><td rowspan="17"></td><td rowspan="17"></td><td colspan="3" rowspan="17"></td></tr>
<tr><td colspan="2">工作质量</td><td></td><td></td><td></td><td></td><td></td></tr>
<tr><td colspan="2">工作分量</td><td></td><td></td><td></td><td></td><td></td></tr>
<tr><td rowspan="6">态度考核</td><td colspan="2">服从性</td><td></td><td></td><td></td><td></td><td></td></tr>
<tr><td colspan="2">协作性</td><td></td><td></td><td></td><td></td><td></td></tr>
<tr><td colspan="2">纪律性</td><td></td><td></td><td></td><td></td><td></td></tr>
<tr><td colspan="2">积极性</td><td></td><td></td><td></td><td></td><td></td></tr>
<tr><td colspan="2">责任性</td><td></td><td></td><td></td><td></td><td></td></tr>
<tr><td colspan="2">热情性</td><td></td><td></td><td></td><td></td><td></td></tr>
<tr><td rowspan="6">能力考核</td><td rowspan="2">基本能力</td><td>专业知识</td><td></td><td></td><td></td><td></td><td></td></tr>
<tr><td>专业技能</td><td></td><td></td><td></td><td></td><td></td></tr>
<tr><td rowspan="4">工作能力</td><td>理解力</td><td></td><td></td><td></td><td></td><td></td></tr>
<tr><td>交际协调力</td><td></td><td></td><td></td><td></td><td></td></tr>
<tr><td>开发创造力</td><td></td><td></td><td></td><td></td><td></td></tr>
<tr><td>计划力</td><td></td><td></td><td></td><td></td><td></td></tr>
</table>

续 表

<table>
<tr><td colspan="3">以上考核由单位人事换算成________分</td><td rowspan="4">建议
事项</td><td rowspan="4">一、调整薪资
晋(　　)级
降(　　)级
二、晋升　另附人事调动申请单
三、调职　另附人事调动申请单
调用不适合或辞退</td></tr>
<tr><td rowspan="2">加扣分</td><td>全勤____月____分
嘉奖____次____分</td><td>事假____日____分
病假____日____分
迟到____次____分
旷工____次____分
记过____次____分</td></tr>
<tr><td>累计加____分</td><td>累计扣____分</td></tr>
<tr><td colspan="3">考核结果：____分____等</td></tr>
<tr><td colspan="2">院长：</td><td>副院长：</td><td>部门主管：</td><td>人事主管：</td></tr>
<tr><td colspan="5">填表说明：
1.初评人在考核每一项目后，只需在相应栏内打“√”。
2.复评人对初评人员评分如认为有必要更改，应以红字在旁加注，以资识别。
3.凡列优或劣者应于“说明事项”栏内补充说明原因。
4.考核时应以员工在全部考核期限内的平均表现为依据。</td></tr>
</table>

领导人员综合素质考核表

姓名		职 务	
考核时间：自____年____月____日至____年____月____日			
考核项目	内 容	评 分	
领导能力	率先示范，受下属信赖	5 4 3 2 1	
计划性	能以长期的展望拟订计划	5 4 3 2 1	
先见性	能预测未来，拟订对策	5 4 3 2 1	
果断性	能当机立断	5 4 3 2 1	
执行力	朝着目标断然执行	5 4 3 2 1	
交涉力	善于机构内外的交涉	5 4 3 2 1	
责任感	有强烈的责任感，可信赖	5 4 3 2 1	
利益感	对利益有敏锐的感觉	5 4 3 2 1	
人际关系	受下属或同事尊敬、敬爱	5 4 3 2 1	
协调性	与其他部门协调联系密切	5 4 3 2 1	
创造力	能将创造力应用于工作	5 4 3 2 1	
情报力	对相关情报很敏锐且有卓越的收集力	5 4 3 2 1	
自我启发	经常努力地自我启发、革新	5 4 3 2 1	
国际意识	有国际意识、眼光长远	5 4 3 2 1	
数字概念	有数字概念	5 4 3 2 1	
考评人：		得分：	
填表说明：1. 考评人在考核每一项目后，只需在相应栏内打“√”。 2. 评分标准：65 分以上为能力超强；60～65 分为能力极强；55～60 分为能力较强；50～55 分为能力一般；50 分以下为能力较差。			

一般管理人员能力考核表

部门		职位		姓名	

评价内容			满分	初评	复评	调整	决定
领导能力	1	领导下属时，是否自己率先示范	1				
	2	遭遇困难时，能否沉着果断地指导下属	5				
	3	是否公平且冷静地对待下属	5				
	4	小组是否充满朝气	5				
	5	是否得到下属的信赖	5				
下属培养	6	是否确实把握下属的优、缺点	5				
	7	是否确实给予了帮助、建议，以发挥下属的优点	5				
	8	是否适才适所	1				
	9	是否能引发下属的自我启发	5				
	10	是否能仔细聆听下属的意见	5				
士气	11	是否注意身体的健康	5				
	12	是否谨慎地使用资金	1				
	13	是否热心小组内部意见的沟通	5				
	14	绝少引起异性的问题	5				
	15	不与顾客勾结	1				

续 表

目标达成	16	是否能以机构的方针拟定目标	5				
	17	是否尽最大的努力达成目标	1				
	18	是否能以最小的成本,早日达成目标	1				
	19	是否能严守权限,达成目标	5				
	20	是否能随机应变,达成目标	5				
责任感	21	是否能以全机构的立场发言、提议	5				
	22	是否能以长期的观点制订计划	5				
	23	是否能以机构的观点制订计划	1				
	24	是否能与其他部门交流情报	5				
	25	是否能积极地与其他部门交流情报	5				
自我启发	26	是否热衷于小团体的扩展	5				
	27	是否虚心听取下属的建议、意见	5				
	28	是否能紧跟新的潮流、技术	5				
	29	是否可以改正自己的缺点	1				
评价分数合计							
初评人:		复评人:	调整人:		决定人:		

填表说明:
1. 考评人在考核每一项目后填写适当的分数。
2. 评分标准:180 分以上为优秀;
150～180 分以上为良好;
120～150 分为中等;
100～120 分为及格;
100 分以下为不及格。

一般职工能力考核表

部门		职位		姓名				
评价内容			满分	初评	复评	调整	决定	
工作态度	1	很少迟到、早退、缺席、工作态度认真	5					
	2	工作不偷懒、不倦怠	5					
	3	做事敏捷、效率高	10					
	4	遵守上级的报告	5					
	5	虚心向上级和同事请教、沟通	5					
基础能力	6	精通职务内容，具备独立处理事务的能力	5					
	7	掌握职务工作的要点	5					
	8	熟悉工作的每个步骤	5					
	9	严守报告、联络、协商的规则	10					
	10	在既定的时间内完成工作	5					
业务熟练程度	11	工作完成得及时、准确	10					
	12	对自己负责的工作流程熟悉	10					
	13	善于整理、总结自己的日常工作	5					
	14	多了解与工作相关的情报	5					
	15	有能力接受新的、有挑战性的工作	5					
责任感	16	能确实完成交付的工作	5					
	17	勇于面对困难	10					

续 表

责任感	18	努力用心地处理事情，避免过错的发生	5				
	19	预测过错的可能性，并且想出预防的对策	10				
	20	能随机应变，达成目标	5				
协调性	21	做事冷静，不感情用事	5				
	22	与别人配合，和睦地工作	5				
	23	在工作上乐于帮助同事	10				
	24	积极参加机构开展的活动	5				
自我启发	25	有审查自己的能力，并且善于学习新知识、技术	5				
	26	以长远的眼光来看待自己与机构的未来	10				
	27	丰富自己的情感	5				
	28	不以非正常途径发泄自己对工作的不满	5				
	29	即使是自己分外的事，也能积极出谋划策	10				
	30	能展望制订目标或计划，并且付诸实施	10				
评价分数合计			200				

初评人：	复评人：	调整人：	决定人：

填表说明：
1. 考评人在考核每一项目后填写适当的分数。
2. 评分标准：180 分以上为优秀；
150～180 分以上为良好；
120～150 分为中等；
100～120 分为及格；
100 分以下为不及格。

人事考评表

姓名	职别	部门	考评者	初评	调整	审批者

<table>
<tr><td rowspan="2">评定因素</td><td rowspan="2">评定项目</td><td colspan="2">奖 金 考 评</td><td colspan="2">提 薪 考 评</td><td rowspan="2">特记事项</td></tr>
<tr><td>初评</td><td>调整</td><td>初评</td><td>调整</td></tr>
<tr><td rowspan="4">成绩评价</td><td>质量</td><td></td><td></td><td></td><td rowspan="4"></td><td rowspan="4"></td></tr>
<tr><td>数量</td><td></td><td></td><td></td></tr>
<tr><td>教育指导</td><td></td><td></td><td></td></tr>
<tr><td>创新改进</td><td></td><td></td><td></td></tr>
<tr><td rowspan="6">工作态度评价</td><td>纪律性</td><td></td><td></td><td></td><td rowspan="6"></td><td rowspan="6"></td></tr>
<tr><td>协调性</td><td></td><td></td><td></td></tr>
<tr><td>积极性</td><td></td><td></td><td></td></tr>
<tr><td>责任性</td><td></td><td></td><td></td></tr>
<tr><td>自我开发</td><td></td><td></td><td></td></tr>
<tr><td>热情</td><td></td><td></td><td></td></tr>
<tr><td rowspan="5">能力评价</td><td>知识技能</td><td></td><td></td><td></td><td rowspan="5"></td><td rowspan="5"></td></tr>
<tr><td>判断决断</td><td></td><td></td><td></td></tr>
<tr><td>交涉协调</td><td></td><td></td><td></td></tr>
<tr><td>应用开发</td><td></td><td></td><td></td></tr>
<tr><td>指导监督</td><td></td><td></td><td></td></tr>
</table>

<table>
<tr><td rowspan="3">评语
S——90 分以上
A——75～89 分
B——60～74 分
C——45～59 分
D——不满 45 分</td><td>考评合计</td><td>得分</td><td>得分</td><td>考评合计</td><td>得分</td><td>得分</td><td colspan="3">人事部记入栏</td></tr>
<tr><td>评语</td><td></td><td></td><td></td><td></td><td></td><td>最终评语</td><td>奖金</td><td>提薪</td></tr>
<tr><td>申请评语</td><td colspan="2"></td><td>申请评语</td><td colspan="2"></td><td></td><td></td><td></td></tr>
</table>

续 表

填写注意点： 1. 评定时，请将应得分数代码填入相应栏内。 2. 根据合计分数确定评语。 3. 当初评语与调整评语不一致时，由双方协商确定一致意见后填入“申请评语”栏。 4. 评定中需特殊说明的问题，填入“特记事项”栏。 5. 评语的含义：优——非常优秀、无过失；良——符合要求、基本满意；可——最好再努把力；劣——尚需努力。

五、员工加班申请表

员工加班申请表

表单号：HR－JBSQ－________

姓名		所属部门		申请日期	
加班时段	□工作日加班 □周末加班 □法定节日加班		类型	□内勤加班 □外勤加班	
加班时间	计划加班时间： 年 月 日 点 分至 点 分 实际加班时间： 年 月 日 点 分至 点 分 加班总工时：				
加班事由	签字：				
主管审批		领导审批		人事部审批	

备注：

1. 请在加班前填写《员工加班申请表》，加班人员填写完毕后，由上级领导审批签字方为有效。

2. 此加班单全部填写完毕后交到人力资源部，人力资源部值班人员依据《员工加班申请单》进行核实、备案。

六、外出申请单

外出申请单

表单号：HR－WCSQ－________

姓　名		部　门		职　务	
同行人		部　门		职　务	
事　由					
是否借用机构车辆：□否　□是　□其他交通工具请(说明)：					
是否借款：□否　□是(具体金额)：					
预计路线					
预计时间：____年____月____日____时至____年____月____日____时，共计____天____小时					
具体行程安排：					
上级主管意见： 负责人： 日　期：			院长意见： 负责人： 日　期：		

七、请假单

请假单

表单号：HR－QJD－________

<table>
<tr><td>姓　名</td><td></td><td>部　门</td><td></td><td>职　务</td><td></td></tr>
<tr><td>请假类别</td><td colspan="5">□病假(一天以上需医院证明)　□事假　□年休假
□公假(婚产假、丧假等)　□调休假　□其他</td></tr>
<tr><td colspan="6">请假事由说明：

签字：
日期：</td></tr>
<tr><td colspan="6">请假时间：____年____月____日____时至____年____月____日____时，共请假____天____小时</td></tr>
<tr><td colspan="6">休假期间联系方式：</td></tr>
<tr><td colspan="3">上级主管(主任)意见：

负责人：
日　期：</td><td colspan="3">院长意见：

负责人：
日　期：</td></tr>
<tr><td colspan="6">说明：
1. 返回机构打卡时间视为销假时间。
2. 员工申请 3 天以上假期需做工作交接，以免影响机构业务正常进行。
3. 主管、主任级别以上请假需报总主任审批。
4. 本表由人力资源部管理备案。</td></tr>
</table>

八、员工离职类系列申请表

员工离职申请表

<table>
<tr><td>姓名</td><td></td><td>工号</td><td></td><td>所属部门</td><td></td></tr>
<tr><td>入职时间</td><td></td><td>离职时间</td><td></td><td>合同有限期</td><td></td></tr>
<tr><td>申请日期</td><td colspan="2"></td><td>预离职日期</td><td colspan="2"></td></tr>
<tr><td>离职类型</td><td colspan="5">□辞职　□辞退　□自离　□开除　□其他</td></tr>
<tr><td>离职原因</td><td colspan="5"></td></tr>
<tr><td>离职员工对机构的意见和建议</td><td colspan="5"></td></tr>
<tr><td>所属部门意见</td><td colspan="5">部门主管签字：
日　期：</td></tr>
<tr><td>人事部意见</td><td colspan="5">人事主管签字：
日　期：</td></tr>
<tr><td>院长意见</td><td colspan="5">院长签字：
日　期：</td></tr>
</table>

员工离职交接表

<table>
<tr><td colspan="2">姓名：________ 工号：________ 部门：________ 正式离职日期：________</td></tr>
<tr><td rowspan="3">所属部门意见</td><td>无须交接</td></tr>
<tr><td>先指定 ________ 交接 ________ 的工作(包括具体工作内容、工作文档、工作进度情况等)，请立即进行交接。</td></tr>
<tr><td>移交人(签字)：　　　接收人(签字)：
日期：　　　日期：

部门主管：</td></tr>
<tr><td>库房</td><td>工具交接：
□无借领 □已归还 □未归还 □损坏 □无损坏 □遗失
应赔偿 ________ 元

仓管员签字确认：
日 期：</td></tr>
<tr><td>财务部</td><td>借款情况：
□无借款 □已归还 □未归还，尚欠款 ________ 元
报账情况：
□无报账 □已报账 □未报账，尚欠报 ________ 元

财务主管签字：
日 期：</td></tr>
<tr><td>行政部</td><td>行政部主管签字：
日 期：</td></tr>
</table>

九、资本性支出及费用报销申请单

资本性支出申请单

申请人：________　　　　　　　　　机　　构：________
部　门：________　　　　　　　　　申请日期：________

<table>
<tr><td>项目名称：
项目描述：</td></tr>
<tr><td>项目类型：
□新投入　□机器设备更新　□增加产能/效率　□研发　□战略发展需要
□其他</td></tr>
<tr><td>项目现金支出：
人民币(元)　　年度　　备注/发票金额
第一年合计支出
第二年合计支出
项目总金额</td></tr>
<tr><td>资产管理控制：
资产编号：________________　用户签收：________________
(请确认资产编号与收到设备上的标签是否一致)</td></tr>
<tr><td>资本性支出审批
________　　　　　　________　　　　　　________
一、部门主管　　　　二、财务主管(或授权人)　　　　三、院长</td></tr>
<tr><td>说明：
1. 一个项目只填写一份《资本性支出申请单》。
2. 资本性支出必须经批准后，方可签订合同，一份《资本性支出申请单》可按项目进程签订一个或多个采购合同。
3. 已批准的《资本性支出申请单》当年项目未完工的，可跨年度使用。
4. 资本性支出金额在 100 万元以上(含 100 万)的，必须附有项目计划书。
5. 若项目描述版面不够，可另附件说明。</td></tr>
</table>

费用报销单

报销人：　　　　　　报销部门：　　　　　　单据及附页________页

填写日期：________

报销项目	摘　要			金　额							备　注
				万	千	百	十	元	角	分	领导审批：
合　计								应报金额			
金额大写								实报金额			

财务主管：　　　　　　复核人：　　　　　　会计(出纳)：

十、会议纪要表

会议纪要表

会议名称		文件编号	
会议议题			
会议时间			

续　表

会议地点			
会议主持人			
参会人员			
会议记录		会议纪要	
处罚决议			
签发人		签发时间	
会议负责人			
纪要抄送			
会议内容			
备注			

会议纪要内容

序号	纪要内容	责任部门	责任人	计划完成时间	落实情况	弥补/惩罚措施	备注
上次会议内容销项落实							
1							
2							
3							
4							
5							

本次会议纪要

序号	纪 要 内 容	责任部门	责任人	计划完成时间	备注
1					
2					
3					
4					
5					
7					

十一、固定资产类系列申请单

固定资产采购申请单

申请单编号		申请部门		制单日期		
序号	品项名称	描述	申请原因	数量	预算单价	预算金额
1						
2						
3						
金额合计：（大写）						
备注						
申请人	部门主管	财务部主管	院长			
签字： 日期：	签字： 日期：	签字： 日期：	签字： 日期：			

固定资产验收清单

资产名称					
规格型号					
类型名称					
购买价款		税款		价税合计	
购买日期		生产日期			
供应商					
生产厂家					
使用部门签字或盖章					
使用人签字					
固定资产管理员签字		经办人签字			

固定资产转移申请单

<table>
<tr><td>资产名称</td><td colspan="2"></td><td>购买日期</td><td></td><td>原保管人</td><td></td></tr>
<tr><td>规格</td><td colspan="2"></td><td>使用状态</td><td></td><td>转移日期</td><td></td></tr>
<tr><td>资产编码</td><td colspan="2"></td><td colspan="2">原保管部门</td><td colspan="2"></td></tr>
<tr><td rowspan="2">原部门
填写</td><td colspan="6">转移原因：</td></tr>
<tr><td>经办人</td><td></td><td>审核</td><td></td><td>审批</td><td></td></tr>
<tr><td rowspan="3">接收部门
填写</td><td>接收部门</td><td></td><td>接收保管人</td><td></td><td>接收日期</td><td></td></tr>
<tr><td colspan="6">接收确认：</td></tr>
<tr><td>接收人</td><td></td><td>审核</td><td></td><td>审批</td><td></td></tr>
<tr><td>财务部</td><td colspan="6">固定资产管理员：</td></tr>
</table>

闲置固定资产明细表

管理部门：　　　　　　　　　　　　　　　　　　　　　　制表日期：

财产编号	名称	规格数量	部门	账面价值			使用情况（年限）	闲置原因	拟处理意见
				总价	折旧	净值			

固定资产出售申请表

申请部门：　　　　　　　　　　　　　　　　　　　　填报时间：

<table>
<tr><th rowspan="2">资产
编号</th><th rowspan="2">资产
名称</th><th rowspan="2">规格</th><th rowspan="2">采购
时间</th><th colspan="3">账面单价</th><th colspan="3">使用年限</th><th rowspan="2">出售数量</th><th rowspan="2">备注</th></tr>
<tr><th>原价</th><th>已提折旧</th><th>净值</th><th>取得</th><th>耐用</th><th>已使用</th></tr>
<tr><td></td><td></td><td></td><td></td><td></td><td></td><td></td><td></td><td></td><td></td><td></td><td></td></tr>
<tr><td></td><td></td><td></td><td></td><td></td><td></td><td></td><td></td><td></td><td></td><td></td><td></td></tr>
<tr><td></td><td></td><td></td><td></td><td></td><td></td><td></td><td></td><td></td><td></td><td></td><td></td></tr>
<tr><td></td><td></td><td></td><td></td><td></td><td></td><td></td><td></td><td></td><td></td><td></td><td></td></tr>
<tr><td>出售形式
及原因</td><td colspan="11"></td></tr>
<tr><td colspan="3">行政部意见：</td><td colspan="3">财务部意见：</td><td colspan="3">部门主管意见：</td><td colspan="3">院长意见：</td></tr>
</table>

此表一式两联，行政部一联，财务部一联。

固定资产报废申请单

报废编号：　　　　　　使用部门：　　　　　　制单日期：

序号	资产编号	设备代码	设备名称	规格型号	损坏情况	数量	单价	金额
1								
2								
3								
4								
5								
金额合计：（大写）								
备注								

申请人	部门主任	财务部主任	总经理
签字： 日期：	签字： 日期：	签字： 日期：	签字： 日期：

固定资产清查明细表

（由各机构根据实地盘点情况进行填写）

机构名称：　　　　　　________年____月____日　　　　　　类别：房屋、建筑物类

序号	资产名称	建筑地点	建筑面积	层数	建筑时间	资产性质	使用状况	使用部门	建筑物类别	备注

资产管理员签名：　　　　　　联系电话：　　　　　　院长签名：

注：

1. “使用状况”填写：正常使用、无法使用（在备注栏注明原因）、拆除（在备注栏注明原因）。
2. “资产性质”填写：自建、租入。
3. “建筑物类别”填写：砖混、框架。

固定资产清查明细表

（由各机构根据实地盘点情况进行填写）

机构名称：　　　　　　　　　　　　________年____月____日　　　　　　　　　　　　类别：车辆类

序号	车辆名称	型号	车牌号码	颜色	购置日期	使用人	存放地点	使用状况	资产性质	备注

资产管理员签名：　　　　　　　　　　联系电话：　　　　　　　　　　院长签名：

注：

1. “使用状况”填写：正常使用、无法使用（在备注栏注明原因）、灭失（在备注栏注明原因）。
2. “资产性质”填写：购买、租入。
3. “使用人”填写：车辆使用人或驾驶人员。
4. 如同一车辆有多个牌号，在备注中标明。

固定资产清查明细表

（由各机构根据实地盘点情况进行填写）

机构名称：　　　　　　　　　　　　________年____月____日　　　　　　　　　　　　类别：家具类

序号	资产名称	品牌	型号规格	单位	家具质地	购置日期	使用人	存放地点	使用状况	资产性质	备注

资产管理员签名：　　　　　　　　　联系电话：　　　　　　　　　院长签名：

注：

1. “型号规格”按照可查看的资产标签、商标等，填写型号、尺寸、颜色等信息。
2. “家具质地”填写：木质、皮质、布艺、各类金属等。
3. “存放地点”填写具体地点或房间名称(房间号)。
4. “使用状况”填写：正常使用、无法使用(在备注栏注明原因)、灭失(在备注栏注明原因)。
5. “单位”填写：套、把、组等。
6. “资产性质”填写：购买、租入。

固定资产清查明细表

（由各机构根据实地盘点情况进行填写）

机构名称：　　　　　　　　________年____月____日　　　　　　　　类别：设备类

序号	设备类别	资产名称	品牌	型号规格	购置日期	使用人	存放地点	使用状况	资产性质	备注

资产管理员签名：　　　　　　　　联系电话：　　　　　　　　院长签名：

注：
1. “设备类别”按照机械设备、消防安检设备、动力设备、广播电视设备、电子设备、通信设备、仪器等分别列表。
2. “型号规格”按照可查看的资产标签、商标等，填写型号、尺寸、颜色等信息。
3. “使用状况”填写：正常使用、无法使用（在备注栏注明原因）、灭失（在备注栏注明原因）。
4. “资产性质”填写：购买、租入。

固定资产清查明细表

（由各机构根据实地盘点情况进行填写）

机构名称：　　　　　　________年____月____日　　　　　　类别：土地

序号	土地名称	土地证编号	地点	占用面积	宗地	取得时间	土地性质	使用部门	备注

资产管理员签名：　　　　　　联系电话：　　　　　　院长签名：

注：“土地性质”填写划拨、出让。

固定资产盘盈/盘亏报告表

机构名称：　　　　　　　　　　　　　　　　制表日期：

卡片号	固定资产编号	固定资产名称	计量单位	盘盈				盘亏或毁损					附注
				数量	市场价	成新率	入账价值	数量	固定资产入账价值	已提折旧	已提减值	账面价值	

十二、印章系列申请表

印章签收确认表

<table>
<tr><td>申请刻章部门</td><td></td><td>经手人</td><td></td><td>申请日期</td><td></td></tr>
<tr><td>申请章类</td><td colspan="5">公章　合同章　部门专用章　其他</td></tr>
<tr><td>刻章状况</td><td>初次
复次
（第　　次）</td><td>印章内容</td><td></td><td>印章形状</td><td></td></tr>
<tr><td>印章字体</td><td></td><td>印章制造材料</td><td></td><td>印章尺寸</td><td></td></tr>
<tr><td>申请刻章原因</td><td colspan="5">新刻制，原因：
原章损坏，损坏原因：
其他</td></tr>
<tr><td>部门主管意见</td><td colspan="5">签名：
日期：　　年　　月　　日</td></tr>
<tr><td>行政部意见</td><td colspan="5">签名：
日期：　　年　　月　　日</td></tr>
<tr><td>院长意见</td><td colspan="5">签名：
日期：　　年　　月　　日</td></tr>
</table>

印章使用申请表

<table>
<tr><td>用印部门</td><td></td><td>用印申请人</td><td></td></tr>
<tr><td>用印日期</td><td></td><td>所用印章名称</td><td></td></tr>
<tr><td>文件报送处</td><td></td><td>用印文件内容</td><td></td></tr>
<tr><td>用印份数</td><td></td><td>印章是否外带</td><td>是（　　）　否（　　）</td></tr>
<tr><td colspan="4">部门主管意见：

年　　月　　日</td></tr>
<tr><td colspan="4">印章审批人意见：

年　　月　　日</td></tr>
<tr><td colspan="4">院长意见：

年　　月　　日</td></tr>
</table>

印章废止申请单

<table>
<tr><td>印章名称</td><td colspan="3"></td><td>印章种类</td><td></td></tr>
<tr><td>印章材质</td><td></td><td>印章形状</td><td></td><td>经办人</td><td></td></tr>
<tr><td>启用日期</td><td></td><td>废止日期</td><td></td><td>废止原因</td><td></td></tr>
<tr><td colspan="2" rowspan="4">印模</td><td>保管人</td><td></td><td>部门意见</td><td></td></tr>
<tr><td>部门主管</td><td></td><td>总经办备案</td><td></td></tr>
<tr><td>副院长意见</td><td></td><td>院长意见</td><td></td></tr>
<tr><td>备注</td><td colspan="3"></td></tr>
</table>

十三、物资采购系列表

物资(办公用品)采购计划表

序号	产品名称	标准代号	规格型号	技术要求	数量	金额/元	备注

编制：　　　　　　　　　　　　　　审批：
日期：　　　　　　　　　　　　　　日期：

物资(办公用品、食材)采购申请表

申请部门		申请人	
产品名称		标准代号	
型号及规格		数量	
供货商单位		联系人	
地址		电话	
特殊要求			
采购品送达日期：			
采购品送达地点：			
主管领导审批意见： 部门主管： 日　　期：			

食品采购计划表

年　　月　　日

序号	食品名称	单位	数量	使用部门	提交人

采购计划汇总人：　　　　　　　　　　　　审核人：

十四、物品领用类系列申请单

物品领用单

序号	日期	物品名称	部门	领用数量	签字	备注

办公用品领用登记表

序号	领用时间	物品名称	数量	单位	领用部门	领用人	备注

十五、安全事故处理表

安全事故处理表

<table>
<tr><td>事件摘要</td><td colspan="3"></td></tr>
<tr><td>时间</td><td></td><td>责任人</td><td></td></tr>
<tr><td colspan="4">责任人叙述：

签　字：</td></tr>
<tr><td colspan="4">事故处理小组调查结果：

签　字：</td></tr>
<tr><td colspan="4">处理意见：

签　字：</td></tr>
<tr><td colspan="4">防范措施：

签　字：</td></tr>
</table>

十六、文件材料档案类使用系列表

文件材料移交单

序号	文件名称	文件内容	原件/复印件	卷内张数	备注

移交人：　　　　　　　　　　　　　　　　　　接收人：
日期：　　　　　　　　　　　　　　　　　　　日期：

档案借阅审批表

<table>
<tr><td>事由</td><td>借阅文件名称：</td><td>部门：

申请人(签字)：

日　期：</td></tr>
<tr><td>查阅或外借</td><td colspan="2">□现场查阅　□现场查阅(跨部门资料)　□外借</td></tr>
<tr><td>部门负责人意见</td><td>负责人(签字)：　　　　日期：</td><td rowspan="2">预计归还日期：

实际归还日期：

备注：</td></tr>
<tr><td>办公室意见</td><td>办公室(签字)：　　　　日期：</td></tr>
<tr><td>院长意见</td><td>院长(签字)：　　　　日期：</td><td></td></tr>
</table>

文件材料归档登记表

一级分类						
二级分类	三级分类	文件名称	产生部门	归档时间	保管期限	备注